一流の人だけが知っている、他人には絶対に教えないこの世界のルール。

千田琢哉
Takuya Senda

選ばれる人を決める「秘密の評価基準」40

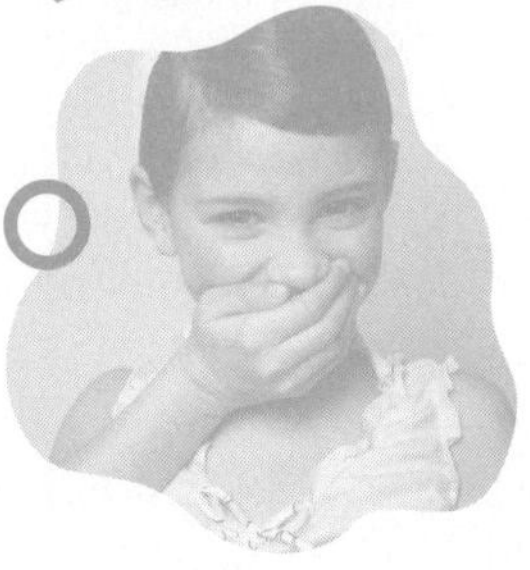

清談社
Publico

一流の人だけが知っている、
他人には絶対に教えない
この世界のルール。

プロローグ

一流の人とは、一流と認められた人たちから、「あなたは一流」と認定された人である。

紀元前の中国で世界四大聖人の一人と称される儒教の教祖・孔子《こうし》にこんなエピソードがある。

弟子の一人のAが質問した。

「先生の弟子のBはどんな人物ですか？」

孔子はこう即答した。

「私より誠実だ」

「では弟子のCは？」

「私より聡明《そうめい》だ」

「では弟子のDは？」

「私より勇敢だ」

「では弟子のEは？」

「私より落ち着いている」

「それは不思議ですね。ならばどうして先生は先生より優れている彼らに教えることがあるのですか？」

「だからこそ、私が先生という役割を果たし、君たちのような逸材が生徒という役割を果たすのだよ。自分が劣っているからこそ、優秀な人たちの長所がこれまたよく見えるのだから……」

孔子のこの教えが一点の曇りもなく正しいと再認識できたのは、私が組織に属するサラリーマンの経営コンサルタント時代だった。

私はその頃、なぜ会社経営をしたこともない新卒の経営コンサルタントたちがあちこちの会社経営者にアドバイスをして、さらに高額のコンサルティングフィーを請求することができるのか、と不思議に思っていた。

正直に告白すると入社してからしばらくは、「本当に若手サラリーマンに過ぎない自分なんかが、自分の親世代（しばしば祖父母の世代）の会社経営者たちに助言なんてしてもいいのか」と、常に後ろめたさがつきまとっていた。

だが実績を積み重ねるうちに次第に答えが浮き彫りになってきた。

自分が劣っているからこそ、未経験だからこそ、自分より卓越しており経験豊富な人たちの長所がよく見えるのである。

誤解を恐れずによりわかりやすく表現すれば、他人事《ひとごと》だからこそ経営コンサルタントのアドバイスは的確なのだ。

これはある特定の株を大量に売買している投資家本人が、敏腕証券アナリストにはなり得ないのと同じだ。

そんなことをすれば自分が儲《もう》かるように情報操作するに決まっているからだ。

私はこれまでに3000人以上のエグゼクティブたちと対話してきた。

彼ら彼女らは当時の私よりはすべて格上だったし、今も現役の各業界で知る人ぞ知る人物もいる。

本書はすべて真実を本音で述べているため具体名はとても出せないが、その分培った知恵の出し惜しみは一切していない。

最初は厳しい事実を受容できなくても、何度か睡眠をはさみ、健康的な生活を送り、虚心坦懐《きょしんたんかい》に本書を読めば、必ずあなたの精神と共鳴する箇所があると思う。

なぜなら本書は一流と呼ばれた人たちの本音の集大成だからである。

一流の人とは何か。

それは一流と認められた人たちから、「あなたは一流」と認定された人である。

決して多数決で大衆に選ばれた人気者のことではない。

以上を踏まえた上で本書を読んでいただきたい。

建前ではなく本音で一流の世界を知れば、自分は一流になれるのか、あるいは一流にはなれないが、一流に便乗したり一流を避けたりして、その上で楽しく幸せに生きるのか、あなただけの人生の成功の方程式が生み出せるだろう。

たとえ間接的にでも、本書があなたの人生を好転させるきっかけになれば幸甚である。

2021年7月吉日　南青山《みなみあおやま》の書斎から　千田琢哉《せんだたくや》

目次

一流の人だけが知っている、他人には絶対に教えない　この世界のルール。

PART 1

一流の人が、他人には絶対に教えない「ビジネス社会のルール」

PART 2

一流の人が、他人には絶対に教えない「時間のルール」

PART 3

一流の人が、他人には絶対に教えない「お金のルール」

PART 4

一流の人が、他人には絶対に教えない「教養のルール」

PART 5 一流の人が、他人には絶対に教えない「人間関係のルール」

PART

1

一流の人が、他人には絶対に教えない「ビジネス社会のルール」

01

由緒正しい一流の世界への切符は、やはり早慶《そうけい》旧帝大以上の学歴である。

冒頭からいきなり危険な発言をするが、一流の世界で生きるためには学歴は極めて重要である。

これは政界・官界・財界・学界問わず共通する暗黙のルールだ。

ビジネスの世界でもナンチャッテ上場企業だとか自称ベンチャー企業という名の単なる零細企業ではなく、ノリや気合いだけでは通用しない由緒正しい一流の世界では学歴、とりわけ「入学大学」が登竜門となる。

一切の綺麗事《きれいごと》を排除すると、（医療・芸術・スポーツ系などの特殊な世界を除けば）**日本で一流大学とは国立大学は旧帝大以上**（東京大学・京都大学・一橋《ひとつばし》大学・東京工業大学・北海

道大学・東北大学・名古屋《なごや》大学・大阪大学・神戸《こうべ》大学・九州大学、広義には筑波《つくば》大学・お茶《ちゃ》の水女《みず》子大学も含む）、私立は早慶だけである。

以上は私の独断と偏見で決めたことではなく、国や一流の識者たちが決めたことなのだ。

各業界の決定権者である一流の人々が密室でこっそり異口同音に教えてくれたことだ。

とは言っても毎年国から配分される教育研究費の金額を見ればこんなの一目瞭然だし、「指定国立大学」「スーパーグローバル大学」といった括《くく》りに入れられる常連ともほぼ一致する。

それらの顔ぶれの中ではやや見劣りする神戸大学と慶應義塾《けいおうぎじゅく》大学は財界で大活躍しているし、早稲田《わせだ》大学はマスコミで重要な役割を担っていると言えよう。

ここで私は入試科目数を減らせばいくらでも操作できる偏差値の類いは一切考慮に入れていない。

いずれにせよ早慶旧帝大以上の学歴は、由緒正しい一流の世界への切符なのだ。

これは世界的に著名な某小説家が、芥川賞《あくたがわしょう》なんて自分には必要なく群像《ぐんぞう》新人文学賞という切符だけで十分やっていけるということを述べておられたが、それと同じだ。

東京大学に入学できればもちろんそれに越したことはないが、北海道大学や九州大学、早慶など一流の下限に滑り込んでおけば、少なくとも一流の世界への切符は獲得したことになる。

こんな世の中の本音をいちいち本に書く著者なんてまずいないし、人前で演説する人もいない。

そんなことをすれば敵が増えるだけだし、年収が激減するのは目に見えている。

もし大衆受けしたければ、早慶旧帝大以上の学歴を獲得した人間が次の嘘《うそ》を広めることだ。

「学歴なんて関係ないよ」「大切なのは心だよ」

そうすれば耳に心地良いし、それなりに説得力もあるから課金されるというわけだ。

だが虚心坦懐に事実のみを分析してもらいたい。

彼ら彼女らは早慶旧帝大以上の学歴の持ち主だからこそ、美辞麗句を並べても許されるのであり、稼げるのである。

最後にそっと囁《ささや》いておくが、早慶旧帝大未満の学歴の人物が一流の世界に入ると、

傀儡《かいらい》か捨て駒的な役割を担わされるケースが大半だ。

01

一流の人だけが
知っている、
他人には絶対に
教えない
この世界のルール。

由緒正しい一流の世界には、早慶旧帝大以上の出身者しか仲間に入れない。

02

由緒正しい一流企業への就職は、幹部の学歴をチェックしてから決める。

これまた結構際どい話になるが、実は由緒正しい一流企業には早慶旧帝大未満の学歴の持ち主も多数所属している。

過半数が早慶旧帝大未満ということも珍しくない。

「ほら、就活は学歴じゃなくて人柄じゃないか！」と声を荒らげる人もいるかもしれないが、それは間違いである。

率直に申し上げて早慶旧帝大未満の人材は将来の子会社、孫会社のために採用したのであり、最初から幹部候補ではないのだ。

もちろんこんな事実を会社案内に明記する企業などこの世に存在しない。

私は年商数千億円や数兆円規模の会社の幹部と仕事をしてきたが、毎年新卒の就活シーズンでエレベーター前に並んでいる学生たちをガラス張りの役員室から眺めながらよく雑談をしたものだ。

団塊の世代のエグゼクティブたちは「今は1期校で来月2期校と私大に声をかけるからもっと人数が増えるよ、やれやれ……」とごく当たり前のようにボヤいていたし、その次の世代のエグゼクティブたちは「旧帝大と一橋と東工と神戸の枠を埋めてから、早慶に声をかけて最後に駅弁とMARCH（明治《めいじ》・青山《あおやま》学院・立教《りっきょう》・中央《ちゅうおう》・法政《ほうせい》）以下」と異口同音に教えてくれた。

業界によっては横浜《よこはま》国立大学や筑波大学、東京外国語大学、ICU（国際基督《キリストきょう》教大学）が早慶旧帝大水準に含まれることもあったが、それはどちらかと言えば由緒正しい一流企業というより、英会話能力が必須で即戦力が欲しい（換言すれば、使えなければ即クビにする）業界1位でも2位でもない外資系企業に多かった。

さて賢明な読者であればすでにお気づきであろうが、由緒正しい一流企業への就職では早慶旧帝大未満はポーズで採用しているのである。

どんなポーズかと言えば、「ご存じの通りうちの会社はこんなに由緒正しい一流企

業ですが、早慶旧帝大未満の大学からも分け隔てなく幅広く採用していますよ。今後も弊社の御贔屓《ごひいき》をよろしくお願いします」というものである。

だがそういう由緒正しい一流企業の幹部たちの学歴をチェックしてみればいい。一流であればあるほどに早慶旧帝大以上で固められているだろう。

人は口では嘘をつけても、行動や慣習では嘘をつけないのだ。

私が新卒で就活していた時代に某大手生命保険会社と同系列の損害保険会社の面接を受けた。

その後前者は経営破綻し、後者は吸収合併で社名は跡形もなく消えてしまったが、両社とも幹部社員の8割以上が慶應義塾卒で固められていたのを今でも鮮明に憶《おぼ》えている。

私はその片方の最終面接で重役から「何か聞きたいことはないか？」と問われ、「慶應じゃなくても社長になれますか？」と聞いてみた。

その両隣には私を最終面接まで進めた部長と課長が座っていたが、寿命を縮めてしまったのではないかと猛省している。

まさかあれがバタフライ効果で破綻につながったはずがないとは思うが。

最初から自分が勝てない土俵には立たないのが賢明だ。

02

一流の人だけが
知っている、
他人には絶対に
教えない
この世界のルール。

早慶旧帝大以上出身の経営者は、
それ以外を
幹部候補と見ていない。

03

由緒正しい一流企業への転職は、「年齢」と「入学大学」が1次予選。

転職エージェントは今ではもう珍しい存在ではないだろうが、私が社会人になった1990年代にはまだそれほどメジャーな存在ではなかった。

だが私は就職するや否や直ちに3社の転職エージェントに登録し、定点観測しながら情報収集していた。

私の市場価値を知りたいという理由もないわけではなかったが、外からではわからない極秘情報を何か獲得できるのではないかと目論《もくろ》んでのことだ。

私は転職も経験しているが、転職エージェントを介してではない。

最初から転職エージェントのお世話になるつもりは毛頭なかった。

常識や固定観念として「やっぱりな」「そんなのわかっていたことだよ」と思われそうなことでも、それが現場の1次情報となればやはり価値が変わってくる。

転職エージェントは百戦錬磨の転職斡旋《あっせん》のプロだし、転職先の企業の本音情報も満載だ。

転職で売り手市場になるのは27～32歳と言われているが、それは管理職に就く前の安月給だけど仕事が一番できる時期と重なるからである。

実際に私もその時期（サラリーマンとしては）上限レベルの年収をもらっていたから、転職エージェントは私を斡旋したくて躍起になっているのがこちらにも伝わってきた。

彼ら彼女らは転職者の年収に応じて売上が決まるから、年収300万の人材の転職を斡旋するより年収1500万の人材の転職を斡旋するほうが5倍も儲かるのである。のらりくらりとかわす私に対して、最終的にはその会社の上にエグゼクティブ転職クラスという組織があり、別室に通されたくらいだ。

もちろん私が首を縦に振らなければ、いくらでも「これでもか」という極秘情報を提供してくれるから、こちらもムキになってじらしにじらしまくった。

そんな彼ら彼女らがしびれを切らして教えてくれた情報を今からお伝えしよう。

由緒正しい一流企業への転職は、「年齢」と「入学大学」が1次予選なのだ。

社内No.1の成績だった社員が、「千田さん、転職で大切なのはココ（年齢）とココ（入学大学）です！　今ならどこでも紹介できますよ」と、目の前の情報シートに跡がつくらいに強く指で押さえながら力説されたものだ。

経営コンサルタントのヒアリング調査と同じで、誰か一人を感情的にさせて本音情報を聴き出せばあとは楽勝である。

その極秘情報を突破口として「そこまでわかっているのなら……」と、他社でも胸襟を開いてさらなる情報を提供してくれるようになる。

某社の転職コンサルタントは東京大学・京都大学・一橋大学の学歴を「ダイヤモンドカード」、早慶と地方旧帝大の学歴を「プラチナカード」、上智《じょうち》大学・ICU・筑波大学・横浜国立大学・千葉大学の学歴を「ゴールドカード」、駅弁・MARCH・関関同立《かんかんどうりつ》（関西《かんさい》・関西《かんせい》学院・同志社《どうししゃ》・立命館《りつめいかん》）の学歴を「シルバーカード」、日東駒専《にっとうこません》（日《に》本《ほん》・東洋《とうよう》・駒澤《こまざわ》・専修《せんしゅう》）・産近甲龍《さんきんこうりゅう》（京都産業・近畿・甲南《こうなん》・龍谷《りゅうこく》）の学歴を「ブロンズカード」と呼んでいた記憶も蘇《よみがえ》る。

03

一流の人だけが
知っている、
他人には絶対に
教えない
この世界のルール。

27～32歳が売り手市場なのは、安月給で仕事が一番できる時期だから。

04

口約束を守れなければ、永久追放。

さてあなたは一流の世界でビジネスをする場合、何が一番重視されるかご存じだろうか。

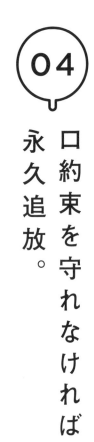

もちろん契約書を交わし、それに基づいてビジネスは進行するわけだが、それは二流や三流の世界でも変わらないから差がつかない。

換言すれば、紙の契約書に忠実なだけでは永遠に一流のビジネスの世界には入り込めないということでもある。

これは私が経営コンサルタント時代に某大手総合商社の元商社マンの同僚から聞いた話だが、貿易の世界でも口約束を一度破ったら、一生その世界では生きていけなくなるとのことだった。

下手《へた》をすると口約束を破ったことが原因で国際的な貿易摩擦に発展することもあったという。

これは政界やマフィアの世界でも同じだろう。

本当に一流の世界というのは発した瞬間に消えてなくなる口約束をどれだけ忠実に守れるかで価値が決まるのである。

紙の契約書は誰でも守ろうとするが、口約束はほとんどの人が守れない。

私がこれまでに出逢《であ》ってきた1万人以上のビジネスパーソンたちを思い返してみても、甘く見積もって90%、厳密には99%が口約束を守れなかった人たちだった。

つまり口約束を死守するだけであなたは一流のビジネスをしていることになるのだ。

恐ろしいことに二流や三流の人たちというのは、本人たちは全員これに気づいていない。

それどころか自分は結構約束を守る律儀な人間だと思っていたりする。

だが自分が今日一日人と交わしてきた言葉を虚心坦懐に振り返ってみれば、いかに自分には社交辞令や無責任な発言が多かったのかに気づかされるはずだ。

「すぐやります！」と元気に返事をしておきながら翌日もやっていない。

「しばらくお待ちください」と伝えておきながら一生やらない。

「あとでお返しします」と言いながら自分の所有物にした挙げ句処分してしまう。

誰でも一度や二度のこうした苦い経験は蘇ってくるだろう。

大切なのはこれまでのあなたではなく、これからのあなたである。

終わった事実は変わらないが、これからを変えることで過去の評価や解釈を変えることならできる。

口約束を守れない人間から守る人間に引っ越すためには、まず自分がどれだけ無意識のうちに嘘をついて周囲を傷つけてきたのか、迷惑をかけてきたのかに気づくことである。

なぜこんなに私が口約束の大切さを力説するのかと言えば、過去の私が口約束はもちろんのこと、紙の契約書すら守れないダメ人間の典型だったからである。

だが今の私は口約束を死守する人間になり、これまでに１７０冊以上の本を世に送り出すことができている。

本書は１７５冊目だ。

私が豹変《ひょうへん》したのは、自分がいかに口約束を守れない人間かという事実を受容したからである。
地獄のどん底まで落ちて自分のダメさ加減と向き合った結果、口約束を守らないと気持ち悪くなった。

04

一流の人だけが
知っている、
他人には絶対に
教えない
この世界のルール。

口約束をどれだけ
忠実に守れるかで
人間の価値は決まる。

05 依頼者の期待を超えない仕事は、仕事とは呼ばない。

これは後に大臣にまでなった人物、一代で東証一部上場企業を築いた創業オーナーたち、オリンピック金メダリストから教わった教訓だが、仕事とは依頼者の期待を超えることである。

依頼者の期待を超えない仕事はそもそも仕事とは呼ばない。

それは単なる作業だ。

その言葉をシャワーのように日々浴び続けていた私はさすがに行動に移し、さらに習慣化できるようになった。

そもそもそうしなければ一流の人たちと付き合えないのだから仕方がない。

誤解しないでもらいたいが、言われたことをその通りにやることも大切だ。

世の中にはそれすらできない人がとても多いからである。

だが初歩と基礎をマスターしてプロの下限に達したら、さっさとそのレベルを超えることだ。

依頼者が指示を出した真意を洞察し、自分が相手の立場だったらどう仕上げたら感動するのかを考えながら仕事をすることだ。

たとえば経営コンサルタントという仕事は顧問先がいなければ食べていけない。

つまり初期の頃は誰もが営業力を求められるのだ。

ところが次第に営業力だけでは行き詰まることに気づかされる。

なぜなら営業力だけで受注しても顧問先が「これ、お金の無駄遣いだな」と察知したら即クビになるからだ。

経営コンサルタントとして独り立ちしたければ、一日も早くリピートと紹介を発生させなければならない。

私が経営コンサルタントとして生きてこられたのは、リピートと紹介を発生させ続けたからである。

それ以外の理由はどれも些細《ささい》なことだ。

ではリピートと紹介を発生させるためにはどうすればいいのか。

「リピートしてください！」「紹介してください！」と連呼していては営業力で勝負しているのと同じだし、既存顧客にも嫌われてしまうだろう。

リピートと紹介を途切れることなく発生させ続けるコツは、常に相手の期待を超え続けることである。

満足ではなく、感動させることである。

こう書くと難しそうに見えるかもしれないが、そんなことはない。

満足を100％とすれば、感動させるのに200％や300％も要らない。

それどころか120％や130％すら要らない。

たった1％、つまり101％をコンスタントに達成し続ければいいのだ。

今回は頑張って200％もやったから、今後はしばらく80％くらいで我慢してね、という姿勢が伝わった瞬間に一流の人との関係は途切れる。

200％や300％もやるエネルギーを、この先ずっと101％のエネルギーに分散したほうがはるかに一流の人たちに重宝されるのだ。

これはスポーツの世界でも同じで、たまに一発ホームランを放つが三振が多い選手より、ホームランなんて一発も放たなくてもいいから出塁率が高い選手のほうが重宝されるだろう。

一発大逆転を狙うのは二流や三流のやることだ。

一流は一発大逆転を狙わない。

むしろ一発大逆転なんて恥だと考える。

05

一流の人だけが知っている、他人には絶対に教えないこの世界のルール。

101%をコンスタントに達成し続ける。

06

自分から売り込んだら、四流。

世の中には様々な仕事がある。

「職業に貴賤《きせん》なし」というのはもちろん綺麗事であり、現実には人にも仕事にも明確な序列やランクがある。

これは日本に限らず世界共通だ。

私がこれまでに出逢ってきた一流の人たちも大衆の前では弱者の味方を完璧に演じ切っていたが、一度密室に籠もって自分が一流と認めた数少ない人と会話をする際には本音トークが炸裂《さくれつ》したものだ。

彼ら彼女らに建前や美辞麗句などをチンタラ話している余裕などないのだから当然

と言えば当然だが。

さてビジネスにおいては歩合制のセールスによく見られるのだが、自分から売り込んだら四流確定だ。

「いい保険があるけれど話を聞いてくれないか？」

「ここだけの話、未公開の株があってさ……」

「私の知り合いに超お金持ちがいて、健康食品の販売をすればあなたも絶対成功できるわよ」

これらはすべて四流のビジネスである。

なぜならこれらの話を運んできた相手は、あなたからお金を奪おうとしているからだ。

一流の人は自分から売り込むような愚かで醜いことはしない。

そもそもお金には困っていないし、相手を騙《だま》してお金をむしり取るという卑しい行為が美学に反するのだ。

友人や知人を狙うということは、それだけお金に困っている証拠であり、身近な人ですら金づるとしか考えていないのである。

そんな連中が身近でもない人をどのように考えているのか、それは想像に難くないはずだ。

だからあなたには憶えておいてもらいたい。

自分から売り込んでくる人間がいたら、それは四流であり、あなたがそうならないのはもちろんのこと、そういう連中と同じ空間で呼吸してもいけない。

そんな四流を引き寄せてしまったという事実を深く恥じるべきである。

私も経営コンサルタント時代に自然の流れと興味本位から歩合制で悪名高い某生命保険会社に入り浸り、複数の歩合制のセールスたちと濃厚接触していた時期がある。その時点では深い分析はしていなかったが、振り返ると「あれぞ、四流だった」と思わされる記憶が無限に蘇ってくる。

ちなみにそれだけが原因ではないが、私の処女作は保険業界向けの本となった。

もちろん私が保険業界向けのコンサルティングを提供しており、業界紙にも長期連載を複数持っていたからこそ本を出せたのだが、私は保険業界の売り込みの姿勢に終止符を打ちたかったというのは本音である。

まさか自分が新卒でお世話になった保険業界のコンサルティングをすることになる

とは露ほども思わなかったが、当時は保険業界が業務停止命令を受けるなど世間から大バッシングされた時期が重なり、かねて念願の出版のきっかけまでつかめた。

厳密には一流大卒の総合職が直《じか》に保険を売るのではなく、非正規の歩合制の人々が激しく売っていたのだが、私も四流の世界に一矢報いたと思う。

06

一流の人だけが知っている、他人には絶対に教えないこの世界のルール。

話を運んでくる相手は、あなたからお金を奪う。

07 さっさと生涯賃金を稼ぎ終えて、残りの人生は大好きなことで埋め尽くす。

率直に申し上げて、20世紀までは独立起業とは低学歴や負け組が仕方なく選ぶ道だった。

当時はどうして独立したのかと言えば、サラリーマンとして出世できそうにないからだとか、憧れの大企業に就職できなかったからだった。

ところが1990年代に入るとやや様子が変わった。

まだ少数派には違いなかったが、大企業のサラリーマンでも十分にやっていける高学歴エリートたちがチラホラ起業し始めたのだ。

バブルが弾け、阪神《はんしん》・淡路《あわじ》大震災や地下鉄サリン事件といった国内を震撼《しんかん》させた災害や大事件、名だたる大企業が次々と倒産した時期とも重なり、さらにインターネットが広まり始め、人々の価値観の変化に拍車がかかったのだろう。

今世紀に突入してからはさらにエリートの起業や独立がもてはやされるようになった。

私が1990年代、大学時代に読んだビジネス書の著者の多くは一流大卒→大企業→独立というコースを歩んでおり、彼ら彼女らが異口同音に教えてくれたのが「さっさと生涯賃金を稼ぎ終えてしまえ」ということだった。

これは単純かもしれないが、本当に大切な教訓だったと今でも深く感謝している。

さっさと生涯賃金を稼ぎ終えるのは、お金持ちになって贅沢《ぜいたく》をするためではない。

別に贅沢をしてもいいのだが、私が激しく共感したのは別の理由だった。

さっさと生涯賃金を稼ぎ終えて、残りの人生は大好きなことだけで埋め尽くせという著者たちの提案に共感したのだ。

だから私はその教訓に忠実に従い、独立して生涯賃金をさっさと稼ぎ終えて自費出版で本を出し続けようと考えたのだ。

経営コンサルティング会社では稼ぎ方を徹底的に盗み、「これでサラリーマンの生涯賃金程度は最長でも5年以内に稼ぎ終わる」と確信した。

キャッシュでいくら稼いで、会社を売却して、どれだけのお金を貯《た》め込むのかも完璧に想定していた。

それくらい私にとって文章を書いて生きることは夢だったし、大好きなことだった。生涯に一冊では意味がないのだ。

将来は紙書籍市場が電子書籍市場に抜かれるだろうという情報が海外から入っていたこともあり、「だったら紙代と印刷代もかからないからローコストで自由に販売できる。これは追い風じゃないか」と小躍りした。

あのフリードリヒ・ニーチェでさえ『ツァラトゥストラ』の第4部を自腹で刷って知人に本を配布していたという話を読んだことがあり、勇気づけられた私は生涯を自費出版作家として生き抜く覚悟もあった。

執着を手放すと奇跡が起こるという教えもあるが、ラッキーなことに現在の私は一度も起業することなく文筆業だけで生きている。

サラリーマン時代と独立後に一生分の蓄えはできたから、この先は一生お金の心配をせずに大好きなことだけで埋め尽くせそうだ。

ビジネスの世界で一流の人は誰もがこれと同じ人生を送っていた。

07

一流の人だけが知っている、他人には絶対に教えないこの世界のルール。

お金持ちになって贅沢することを独立起業の目標にしない。

08

偽カリスマを演じて疲労困憊《こんぱい》するより、一流のコバンザメとして生きよ。

カリスマに憧れる人は多い。

ここ最近はインターネット上で自称も含めたカリスマが増え続けている。

中にはカリスマを演じることに疲れてしまい、心身を病む人もいる。

ひょっとしたらあなたもその可能性がゼロとは限らないし、あなたの大切な人が同じ悩みを抱えているかもしれないので、どうか真剣に読んでもらいたい。

カリスマに憧れるのは勝手だが、カリスマになれる人となれない人はもう決まっている。

これはテレビのタレントでも同じで、カリスマになれる人は放っておいても頭角を現すし、カリスマになれない人は血のにじむような努力をしても誰からも認められない。

鷹《たか》は鷹として、雀《すずめ》は雀として生きればそれが最高の幸せなのであって、鷹が雀の真《ま》似《ね》をしたり雀が鷹の真似をしたりしても幸せにはなれないようにできているのだ。

ジャン＝ポール・サルトルは「実存は本質に先立つ」という名言を遺して人々を勇気づけた。

実存とは人間のことであり、本質とは生き方である。

つまり人間は他の動物や道具と違い、自分で生き方を決めることができるとサルトルは主張したのだ。

これはサルトルが極度の斜視であり、身長160㎝に満たない小男でもあったため、ひどいいじめにも遭っており、醜い容姿に強烈なコンプレックスを持っていたこととと無関係ではない。

鏡に映った醜い自分を否定して、人間はいつからでもなりたい自分になることができるのだと信じたかったのだ。

自分の肉体を愛せず、それをバネにして世界的なカリスマになった人物である。

これに対してサルトルの元親友だったモーリス・メルロ＝ポンティは、授かった身体《からだ》を否定するのではなく受容し、それを生かして前向きにアレンジして生きろと主張して決別している。

ここで私はあなたにどちらか一方の哲学を強要するつもりはない。

実際にサルトルはその明晰《めいせき》な頭脳でノーベル文学賞を辞退するほどの才能を発揮しているし、世界中の若者がヘルメットをかぶり、火炎瓶を握るほどのカリスマ性を備えていた。

しかし私はメルロ＝ポンティの教えに従って生きてきた。

ありのままの自分の身体を受容し、その上でどう生きるのかを決めてきた。

身体には頭脳も含む。

事実を受容すれば生き方や勝ち方もわかるようになる。

スポーツでも瞬発力系と持久力系では明らかに体つきが違う。

頭脳の勝負でも記憶力系と思考力系、さらにはアレンジ系と新しいものを生み出す系とではまるで違う。

偽カリスマで疲労困憊して心身に異常をきたしたり自ら命を絶ったりするくらいな

ら、一流のコバンザメとして生きたほうが何億倍も幸せだ。

一流のカリスマは当然一流だが、一流のコバンザメも正真正銘の一流だ。

コバンザメがいなければカリスマは輝けない。

冷静沈着にあなた自身を見つめ、楽勝できそうな土俵でとことん努力して勝ち続けよう。

08

一流の人だけが知っている、他人には絶対に教えないこの世界のルール。

雀が鷹の真似をしたりしても、幸せにはなれない。

勝負する土俵の
暗黙裡《あんもくり》のルールを
洞察せよ。

PART

2

一流の人が、他人には絶対に教えない「時間のルール」

09
まず睡眠の時間を確保する。

時間について考える際に重要なことは、絶対に外せないことを先に埋めてしまうことだ。

これは本章を通じて揺るがないことなので、どうか脳に微電流を走らせながら読み進めてもらいたい。

我々が絶対に外せないことと言えば何か。

それは睡眠と食事である。

それ以外は仮に外してもどうにでもなる。

日本では勉強なんてしなくても生きていけるし、仕事すらしなくても命を奪われることはない。

さらに睡眠と食事のどちらの時間が大切かと言えば、間違いなく睡眠である。

なぜなら睡眠は食事より長時間必要になるし、まとめて確保する必要があるからだ。

極論すれば食事はごく短時間で済ませられるし、人によっては一日一食でもいい。

それに対して睡眠は人によって差はあるものの、最低でも6時間、多くの人はできれば7～8時間は確保したいものだ。

ではどうすれば睡眠時間を確保できるのだろうか。

答えは極めてシンプルである。

最初から睡眠時間をスケジュールに固定してしまえばいいのだ。

その時間はいかなる理由があっても何も用事を入れられない、あるいは最初から睡眠時間を引いて一日を17時間とか18時間として生きるのだ。

要は一日24時間だと考えるから甘えが出るわけで、最初から16時間と考えればすべては解決するのだ。

私の場合はサラリーマン時代に毎日平均して9時間の睡眠を確保していたが、それ以外は猛烈に働いていた。

同僚の中には毎日2時間や3時間睡眠で頑張っていた社員もいたが、彼ら彼女らの仕事は例外なくお粗末なものだった。

毎日9時間睡眠を貫いた私のほうが出世も早かったし、年収も高かった。

何のことはない、社内で一流の実績を継続して出し続けていた人の生活の真似をしただけである。

これは今回初公開だが、長期的に見れば睡眠時間と年収は正比例していたのだ。

新米のうちは会社の裏側にアパートを借りて9時間睡眠を確保し、出世してフレックスタイム制になった時には眠くなったら寝て、これ以上眠れないと思ったら起きていた。

それがちょうど9時間だったというだけの話だ。

現在は通勤時間ゼロということもあり、平均睡眠時間は7時間半がベストになっているが、それでも固定して決めているわけではない。

あくまでも眠くなったら寝て、起きたくなったら起きているだけだ。

これにより健康にはすこぶる好影響を与えているという実感もあるし、いつも脳はフル回転させてもらえる。

こんなに健康に人生を満喫させてもらっていいのだろうかと心配になるくらいだ。

あなたも人生を最高のスパイラルにしたければ、つべこべ言わずまずは睡眠時間を確保することだ。

睡眠時間を妨げるものはすべて排除すべきである。

09

一流の人だけが
知っている、
他人には絶対に
教えない
この世界のルール。

一日24時間だと考えず、最初から16時間と考える。

10

次に運動の時間を確保する。

睡眠時間を確保できたら次に優先してもらいたいのが、運動の時間である。

運動と言っても私はあなたにアスリートになってもらいたいわけではない。

あくまでも健康のために運動を習慣にしてもらいたいのである。

ただし万人に共通しておススメできる運動はウォーキング以外にはない。

人類最強の運動はウォーキングであることはまず間違いないが、中にはウォーキングが嫌いだとか退屈で性に合わないという人もいる。

これはすでに科学的にも証明されているが、人は生まれながらにして瞬発力系か持久力系かが遺伝的に決まっている。

ＤＮＡの検査をすれば自分がどちら向きかもわかるのだ。

しかしわざわざＤＮＡ検査なんてしなくても、自分の過去を振り返ったり自分の体型や骨格を見てみたりすれば、どちらのタイプかなんてすぐにわかるだろう。

瞬発力系の人は筋トレが向いているし、持久力系の人はジョギングが向いている。

また時間があれば好きなスポーツである野球、サッカー、フットサル、トライアスロン、ゴルフなども悪くない。

それらをすることで他に何もできなくなったり本業に悪影響を及ぼしたりしなければ、ぜひ継続してもらいたい。

ところでなぜ睡眠の次に運動の時間を確保しなければならないのかと言えば、長期的には継続して適度な運動をしなければ寿命が縮まるし、頭にも悪いからである。

過剰な運動は何もしないより寿命を縮めるし頭にも悪いが、適度な運動は健康にも頭脳にも欠かせないことが科学的にも判明している。

筋力の維持も有酸素運動も想像力や記憶力の成長と維持に大いに影響を与えることから、我々の身体は有機的にすべてがつながっていることを再認識させられる。

私は大学時代に体育会ボディビル部に所属して筋トレに打ち込んでいたし、現在もバーベルは使用しないが自室で筋トレとストレッチ、ウォーキングを日課にしている。もはや歯磨きと同列で完全に習慣化されており、サボるという発想はない。週に一度や二度は、ふと気がついたら筋トレを終えていることもあり、ついもう一度やりそうになるくらいだ。

本来人間は身体を動かすのは楽しいようにできているし、ストレッチをすれば身体も発想も柔軟になるものだ。

私の経営コンサルタント時代の師匠がもともと体操選手で身体が柔らかかったこともあり、私の身体の柔らかさを指摘してきたことがある。

確かに私は幼少の頃から特に何もしなくても異様に身体が柔らかく、その種の検査をすると最高水準の評価を得てきた。

自分としては努力して勝ち取ったものではないから、特にありがたみを感じたことはなかったが、師匠に指摘されてこれは感謝すべきだと気づかされた。

師匠の持論では「身体と頭の柔軟度は比例する」とのことだったが、社内外でこれを検証したら百発百中だった。

10

一流の人だけが
知っている、
他人には絶対に
教えない
この世界のルール。

身体と頭の柔軟度は比例する。

11 最後にあらゆる言い訳を乗り越えて、まとまった空白の時間を捻出する。

よく巷《ちまた》の自己啓発書には「自分の時間を持て！」「残業をするな！」といったアドバイスが並んでいる。

だが一流の世界ではその程度のアドバイスは甘い。

甘過ぎる。

それらのアドバイスの冒頭に「あらゆる言い訳を乗り越えて」という言葉を付け加えるべきである。

同僚との付き合いだけではなく、上司や取引先との付き合いより自分の時間、それもまとまった空白の時間を捻出すべきなのだ。

率直に申し上げて、何らかの言い訳をして自分の時間を捻出できないようでは一流には絶対になれない。

たとえば勤務時間外で同僚に何か誘われたとしよう。

あなたがそれに対して価値を感じ、ぜひ行きたいと心の底から思えればその誘いに乗ればいい。

それはあなたの時間を生きたことになるからだ。

だが惰性で誘われて何かに参加しているようではお先真っ暗である。

上司や取引先から行きたくもないゴルフに誘われて惰性で参加している人は要注意だ。

それくらいなら行きたい時以外はちゃんと断って、自分は皆勤賞タイプじゃないという印象を植え付けるべきだし、場合によっては二度と声がかからないように「ゴルフはやめました！」とハッキリ断るべきである。

それによって社内外の関係が気まずくなったとしたら、あなたはその土俵を去ればいいだけの話だ。

念を押しておくが、本書はサラリーマンとしての処世術を伝授するための本ではな

い。

あくまでも一流を目指すための本である。

さらに私はカラオケやゴルフを悪いものだとは微塵《みじん》も思っていない。心から楽しめればそれは素晴らしい娯楽であり、上質な趣味と言える。私がお伝えしたいのは、本当は好きでもないことをダラダラと惰性でやってはいけないということである。

これは英語の勉強も同じだ。

一般に英語の勉強をするのは良いことだと思われている。だが本人が楽しいとかやりがいを感じているのならともかく、苦行として睡眠時間を削りながら心身ともに疲弊しているというのなら嫌々カラオケやゴルフに惰性で参加しているのと何ら変わらない。

実際に私はこれまでに嫌々英語の勉強をし続けている経営者たちに、「英語の勉強なんてやめたらどうですか？」とアドバイスをしてきた。

とりあえず1年間は英語の勉強を中断してもらったのだ。

彼ら彼女らが1年後にどうなったか。

全員感激して感謝してくれた。

睡眠時間が増え、大好きなことをやる時間が増え、おまけに会社の業績も伸びていると異口同音に教えてくれた。

何やら虚構のような話だが、すべて実話だ。

サラリーマンの場合だと外回りに出かけるふりをしてサボろうが、仮病でズル休みをしようが、まとまった空白の時間を捻出すべきである。

人はまとまった空白の時間に考え、学んだことでしか一流にはなれない。

私もこれまで本当によくサボり、ズル休みをした。

11

一流の人だけが
知っている、
他人には絶対に
教えない
この世界のルール。

惰性で何かに参加するより、ズル休みをしたほうが良い。

12 都内はタクシーより地下鉄のほうが確実。

交通費が気にならなくなるレベルまで年収が増えると交通手段を100%自分の好悪で選べるようになる。

年収が低いうちは地下鉄しか選べないが、年収が高くなるとタクシーでも地下鉄でも高所から選択できるのだ。

地下鉄しか乗れないというのと、あえて地下鉄に乗るのとでは雲泥の差だ。

私自身も経験し、これまでに出逢ってきた3000人以上のエグゼクティブたちの弁と照合させると、都内は地下鉄のほうが断然便利だということになる。

それは交通費が安いからではなく、時間に正確だからである。

遅刻しないことに対する蓋然性がタクシーに比べて地下鉄のほうが断然高いのだ。

さらに虚心坦懐にタクシーと地下鉄を眺めてみると、安全性も乗り心地も堅牢度《けんろうど》もすべて地下鉄のほうが桁違いに上回っている。

それはそうだろう。

民間企業より国や地方公共団体のほうが桁違いにお金を持っているのだから。

特に女性はタクシーに嫌悪感を抱く人が多く、その理由はハズレの運転手に出逢った時の精神的苦痛が一生拭えないとのことだった。

電車だと不快な人間がいれば車両を替えれば即解決するが、タクシーだと狭い空間に嫌いな人間と居合わせなければならない。

女性が生理的に受け付けないのは、「あなた、さっきまでタバコ吸っていたでしょ、という臭《にお》い」「横柄な態度」「汚い言葉遣いや卑猥《ひわい》な話題」である。

私も膨大な数の女性のそれらの本音を教わってから、社員教育が徹底されている会社もあるが、タクシー運転手には弱い者いじめをする性格を表に出す人が多いことに気づかされた。

強烈な劣等感を抱えている人間であることは間違いない。

高いお金を払って、さらに生涯心にシミが残るような時間を過ごすくらいなら、あらゆる意味で地下鉄のほうがいい。

すでにお気づきのように、時間というのは長短だけの問題ではなく、空間的・精神的な問題も非常に大切なのだ。

仮に男性の私にはそういう態度を取らなかったとしても、人間というのは顔が一番正直な履歴書だから、これまで弱い者いじめをし続けてきた人間の卑しい顔はすぐにわかる。

だから「一流の空間と精神を維持したいな」と思うのなら、不快な人間と同じ空間で時間を共有しないように細心の注意と対策を練るべきである。

あとこれは上場企業のサラリーマン社長に多かったのだが、税金対策や取引先の関係で社有車に専属の運転手を雇っている人もいた。

トヨタ系列の取引先に出向くならセンチュリー、日産《にっさん》系列の取引先に出向くならプレジデントというように。

特に専属の運転手を雇う場合は相性のいい人間であれば、精神的苦痛もほぼゼロになるからこれは最高の投資と言える。

概して一流の世界では社有車がロールス・ロイスなどの外車ではなく、国産車というのが定番だった。

某大手総合商社の元社長・会長は地下鉄通勤していたが。

12

一流の人だけが知っている、他人には絶対に教えないこの世界のルール。

不快な人間と同じ空間で時間を共有しない。

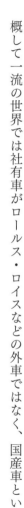

13

同時並行や〝ついで〟にできることは、全部パッケージ化してしまう。

一流の世界では時間にとてつもない価値を置かれているが、日常でも仕事でもそれは徹底されている。

何か一つの目的のためだけに移動はしない。

出張するにも必ずいくつもの用事をそこに関連させてまとめて片づけたり、つなげて相乗効果を生み出したりする。

私もサラリーマン時代からこれを徹底しており、極力一つの用事だけで動かないようにした。

たとえば新米の頃には外出する際に、「郵便物があればポストに投函《とうかん》してきます

よ！」と周囲に声をかけるようにしていた。

これにより私が外出しやすくなるし、周囲に感謝してもらって応援してもらえるようになる。

外から電話をしてお願い事をしやすくすればそれだけで仕事は驚くほどはかどる。

どんな雑用でもそれを通して効率の研究をしたり、出張先では必ず前泊して翌日の商談のネタ探しと地理や歴史の教養を深めたりしたものだ。

私は今でも47都道府県の駅前の風景や匂いを身体で記憶しているくらいだ。

一代で東証一部上場企業を築き上げたオーナーとは、毎月会って直に話をさせてもらう機会に恵まれたが、彼は出張先と関係のない家族旅行は人生で一度もしたことがないと豪語していた。

それが正しいかどうかではなく、一流の世界では同時並行や〝ついで〟にできることは、全部パッケージ化してしまうのが普通なのだ。

全員におススメするわけではないが、出張先や旅先にはあえてもうすぐ穴が開きそうな下着類を持って行き、ホテルや旅館で捨てながら徐々に荷物を減らすというのも〝ついで〟を上手《じょうず》に生かしていると言えよう。

これだと家のゴミも処分できるし旅の荷物も軽減でき、さらに下着類に最期のお役目を果たしてもらえるのだから一石二鳥にも三鳥にもなる。

初歩的なことだが、営業職の人たちを見ていてもすでに大きな差がついている。

私はサラリーマン時代に管理職として部下の出張精算をチェックしていたのだが、できる人間とできない人間は複数の出張先がある場合に訪問する順番が違う。

できる人間は最高の効率でブーメランのように美しく弧を描いて帰ってくるが、できない人間は最悪の効率で気まぐれで訪問し交通費と時間に無駄がとても多い。

同じ場所に出張する場合でもできる人間に任せると、一回の出張で5件訪問して3件契約をまとめて旅費・交通費が5万円以内なのに対し、できない人間に任せると、1件訪問して契約もまとめられず旅費・交通費が10万円以上というイメージだ。

旅費・交通費ほどその人の人格が露呈されるものはないから、経理部は抜き打ちで取締役たちと密室で情報共有しているという事実も知っておくといい。

旅費・交通費を水増し請求する人間に会社の重責は任せられないからだ。

サラリーマンでも独立しても、出世したければ、同時並行や〝ついで〟をいかにパッケージ化できるかが大切なのだ。

13

一流の人だけが
知っている、
他人には絶対に
教えない
この世界のルール。

出張先では、最高の効率でブーメランのように美しく弧を描いた行動をする。

14

自分だけの決断の基準を持つ。

決断のスピードは速ければ速いほどいい。

決断に1年かかる人より1日で決断する人のほうが膨大な時間を生み出せる。

それに決断はすぐにしなければ、状況が変わってしまうから意味がない。

1年後に決断する頃にはそれに関わる人たちの熱もすっかり冷めてしまっているものだ。

さらに決断は先延ばしにすればするほど「やっぱりやめておくか」になると相場は決まっている。

だから決断が遅くていいことなど何もないのだ。

ちなみに決断と聞くとすべて「やる」という選択肢を選ぶものだと勘違いしている人も多いが、それは間違いである。

「やらない」「中止する」と決断することも立派な決断だ。

戦国武将の織田信長《おだのぶなが》は出陣のスピードも速かったが、撤退のスピードも速かった。部下より先に出陣したと同時に、部下を置き去りにして真っ先に撤退した。

これは臆病者だとか命が惜しかったというのではなく、それが戦いに勝つための最高の決断だったからである。

それはそうと私がこれまでに出逢ってきた一流の人たちは例外なく決断のスピードが速かった。

ここまでは巷の自己啓発書にも同じことが書かれているだろう。

私はなぜ彼ら彼女らが決断のスピードが速いのかを直接問い続けてきた結果、その理由が明らかになった。

彼ら彼女らは自分だけの決断の基準を持っていたのだ。

ここは強調しておくが、他の誰でもなく自分だけの決断の基準である。

某大臣は「迷ったらやる」と教えてくれたし、某金メダリストは「自分の身体に耳を傾ける」と教えてくれた。

創業社長たちは「直感」と答える人が多かったのに対し、サラリーマン社長たちは「データと照合する」と答える人が多かったように思う。

私自身は自分と似た経歴と容姿で一流の人たちから学び、その上で自分流の決断の基準を生み出した。

私の決断の基準は「これまでの自分なら絶対に選ばなかったほうをやる」というものである。

念のためこれは二者択一で迷った場合の話であり、すべての決断をその基準で決めているわけではない。

決断というのは文字通り「断つと決めること」なのだから、迷った選択肢をいかに断つのかが重要になってくる。

あれもいいしこれもいいのはわかっているが、それでもあえてどれか一つを選ばなければならないのが決断だ。

どうして私が迷った場合にこれまでの自分なら絶対に選ばなかったほうをやるのかと言えば、そうしなければ成長して次の景色を見ることができないとわかっているからである。

もちろんそれで痛い目に遭うことも多々あるが、これまでの人生の延長を安穏《あんのん》と歩み続けるよりは〝私にとって〟はるかにマシなのだ。

決断で大切なことは1年後や10年後に振り返って、自分が後悔しないことである。

他人が決めた正解より、自分で決めた不正解のほうが後悔しない。

14

一流の人だけが知っている、他人には絶対に教えないこの世界のルール。

これまでの自分なら絶対に選ばなかったほうをやる。

15 暇さえあれば判断する習慣にする。

さて意外に知られていないのが判断と決断の違いだ。

判断と決断はまるで違う。

判断は論理的に考えて誰の目から見てもこれが正しいとわかる、マークシートの正誤問題のようなものだ。

それに対して決断は正誤問題という判断を勝ち残ってきた選択肢の中から、「えいやっ！」とどれか一つに決めるイメージだ。

どちらが上かという問題ではなく、役割が違う。

断言できるのは普段から正しい判断ができていなければ、いくらスピードの速い決

断をしても何の意味もないということだ。

それどころか決断すればするほどに人生は狂っていくに違いない。

実際に三流や四流の自称成功者たちにそれが多いのだが、だからこそ彼ら彼女らはごく短期間で落ちぶれてしまうのである。

素晴らしい決断力というのは普段の判断力の賜物なのだ。

そのためには暇さえあれば判断する習慣にしておくといいだろう。

私がこれまでに出逢ってきた一流の人たちも、暇さえあればいつも判断していた。

雑談だろうが、ネットサーフィンだろうが、どんな時間でも判断のための情報収集だったり、貪欲にヒントを得ようとしたり必死だったものだ。

私もそれに倣い、暇さえあれば判断するのが習慣になった。

公共の交通機関で広告が目に飛び込んできたり、新幹線や飛行機でたまたま手にした雑誌に目を通したりしても、無限の気づきがある。

私にとっては普段の読書も有効な情報収集であると同時に、判断材料になっている。

必ずしもビジネス書である必要はなく、小説を読んでいても判断材料はとても多いのだ。

その理由はビジネス書が受験参考書のように模範解答を手っ取り早く教えてくれるものが多いのに対し、小説は多少遠回しにはなるが様々な登場人物の判断力が学べるからである。

判断材料をできるだけたくさん拾うコツを囁いておくと、血眼になって探さないことだ。

何かをつかんでやろうという姿勢は脳に微電流を走らせておく程度に必要だとは思うが、あくまでもリラックスして様々な媒体を楽しめばいい。

そうすればいざ判断しようとする際に無数の情報があなたの頭の中を駆け巡り、慣れてくるとそれらが引き出しの中から飛び出すようになる。

映画やドラマのシーンを思い出すだけでも判断力が増すだろう。

あとはどうしても判断ができない場合は周囲の詳しい人だとか、専門家を頼って判断しておくことも大切だ。

そのためのお金をケチらないほうがいい。

専門家を頼るほどではない場合は、インターネットで無料の質疑応答サイトがあるからそれらを利用するのもいいだろう。

急ぎではないからこそ、普段から暇さえあればまめに判断しておくことが重要なのだ。

急ぎになってから判断しているようではもう遅い。

なぜならすでに述べたように判断とは正誤問題であり、冷静沈着に考える必要があるからである。

15

一流の人だけが知っている、他人には絶対に教えないこの世界のルール。

判断はマークシートの正誤問題のように考える。

16

嫌いなヤツとは付き合わない。

なぜ時間の章で人間関係の話が登場するのか。

それは時間と人間関係には切っても切れない密接な関係があるからである。

どんなに自分の時間が生み出せようと、あなたが嫌いなヤツと付き合わなければならないのならまるで意味がない。

それでは地獄の人生になってしまい、何のために時間を増やしたのかわからない。

これは私が経営コンサルタント時代に様々な現場で収集した本音情報なのだが、基本的にサラリーマンは職場の人間関係が大嫌いである。

もちろん普段はそんなことを一切見せずに自分に嘘をついて仕事をしている人のほ

うが多いが、本音としては職場に好きな人間なんていないというのが圧倒的多数派なのだ。

これを読んでホッとした読者も多いと思う。

職場の人間関係で悩んでいるのは自分だけではないのだ。

さらに情報を提供しておくと、職場で元気な笑顔を見せ、鈍感なふりをして頑張っている人たちほど繊細である。

だからこそ彼ら彼女らは辞表を出した際に、「あんなに元気で楽しそうだったのに……」と惜しまれるのだが、本人たちにとって本当は毎日が地獄の人生だったのである。

彼ら彼女らの笑顔や鈍感さはすべて演技だったのであり、自己防衛だったことに気づかなければ一流にはなれない。

私がこれまでに出逢ってきた一流の人たちは、基本的に好悪が激しかった。

ただ二流や三流の人たちと決定的に違うのは、好悪を露骨に顔や態度に出さなかった点だ。

好悪は数秒から長くても数分ですでに決まっているから、嫌いなヤツほど丁重に扱

い、別れ際には深々と頭を下げていたものだ。

一流の経営者の場合、社員数が多い会社だと全員を好きなヤツで固めるわけにはいかないから、嫌いなヤツは二度と会わなくてもいい部署に放り込んでおくのだ。

もちろん将来は子会社や孫会社に移籍させてサヨナラである。

嫌いなヤツはこちらのことも嫌いになるから、極力同じ空間で過ごさないようにして距離を置くのが定石だ。

だから一流の人は嫌いなヤツほど丁重に扱う。

私もこれに倣い、嫌いなヤツにはメチャクチャ丁寧に接して、まるで世界で一番大切な人のように深々と頭を下げて別れた。

一流企業であればあるほど面接で数多くの人を落とさなければならないから、不合格者に対して丁重に接するのと同じである。

換言すれば一流企業の面接で厳しい質問を受けたら、それは見込みがある証拠だ。最初からお話にならない相手は将来のお客様候補なのだから、敵に回さないように優しく接してくれる。

これまで私も膨大な数の面接をして数え切れないほどの人を不採用にしてきたが、

不採用の人ほど意識的に丁寧に接してきた。

人はどんなに〝いい人〟でも全員から好かれるのは不可能だが、無駄に敵を増やすと時間を奪われる。

嫌いなヤツとは自然に距離を置く。

これが一流だ。

16

一流の人だけが
知っている、
他人には絶対に
教えない
この世界のルール。

嫌いなヤツほど丁重に扱い、別れ際には深々と頭を下げる。

時間の長短より
中身があなたの
人生を創る。

PART

3

一流の人が、他人には絶対に教えない「お金のルール」

17

安易におごらない。

本書はすべて本音で語っているため、ちょっといやらしい話をするがどうか落ち着いて読んでもらいたい。

お金というのは基本、自分にリターンがないことには使わないものだ。

お金を払って外食をするのはお金以上に、他人に料理を作ってもらうというリターンがあるからだ。

お金を払って子どもをお受験の塾に通わせるのは、受験のプロに子どもの成績を上げてもらえるというリターンがあるからである。

電車やバスにお金を払うのは、楽に自分を目的地に運んでもらえるというリターンがあるからである。

同様に誰かにご馳走《ちそう》する場合も自分にリターンがないのならやめることだ。

もちろんこれはビジネスにおいてだけではなく、プライベートにもそのまま当てはまる。

好きな相手に楽しませてもらうだとか、素敵な笑顔を見たいからというのも立派なリターンだろう。

しかし会社の後輩や部下にあなたが年上だからという理由だけでご馳走するのは間違いである。

少なくとも一流はそういうことを断じてしない。

そういう無意味な行為の積み重ねが、その人を三流や四流にして貧しくしてしまうのである。

これまで私が出逢ってきた人たちにはそうやって自分の格を落としている人が多かった。

断言してもいいが、安易にご馳走しても相手はあなたに感謝などしない。

それどころか「こいつこの年で独身だからおごって当たり前」「こんな安い居酒屋

でお礼を言わせやがって……」と思っているものだ。

これはでっち上げた作り話ではない。

実際に私がサラリーマン時代に社内外で何十回、いや何百回と1次情報で耳にした愚痴である。

私の師匠もよく部下にご馳走してくれる人だったため、それに対する同僚の愚痴を耳にして他人事ながらショックで立ち直れなかったくらいだ。

それと同時に「安易におごってはならない」と脳裏に刻まれた。

人はご馳走しても感謝などしない。

それどころか悪口を言う始末なのだ。

その後の私は演繹《えんえき》（一般的前提から個別的結論を導き出すこと）的にこの法則を社内外で当てはめて検証してみたが、結果は残念ながら安易におごってはならないという戒めだけが残った。

念のため繰り返すが、あなたがその相手にご馳走することで幸せな気分になれるというのであれば、それでいい。

だが好きでもない相手にただ何となくご馳走するのだけはやめたほうがいいという

話だ。

ご馳走に限らず、人生のありとあらゆる面でリターンもないのに、ただ自分の虚栄心を満たすためだけにおごるのは金輪際やめることだ。

あなたより格下の相手におごる回数をゼロにする必要はないが、回数を減らしたほうがむしろ相手に感謝されるという事実を囁いておこう。

私のサラリーマン時代は部下と食事をせず、おごらないことで規律を保っていたものだ。

17

一流の人だけが
知っている、
他人には絶対に
教えない
この世界のルール。

虚栄心を満たすためだけにお金を使わない。

18

身の丈に合ったお金の使い方をする。

なぜ三流や四流の成金たちは成功が継続しないのか。

それは身の丈に合ったお金の使い方をしないからである。

私がこれまで出逢ってきた成金たちの特徴は、たまたまその年が儲かっただけなのに、その奇跡の年を自分の人生のスタンダードとして豪邸を買い、高級外車を何台も買い、離婚と結婚を繰り返していたことだ。

彼ら彼女らに直接インタビューをしたことも何度かあるし、数年間会社の顧問を務めたこともあるが、ある共通点があった。

それは貧しい家の生まれで、貧乏に対するコンプレックスが猛烈に強かったということだ。

口に出して言うかどうかは別として、彼ら彼女らは「世の中金がすべてだ」という絶対の信念で生きていたし、周囲にもその価値観を強要していた。

お金で解決できないことがあると、途端にブチ切れて手に負えなくなることも多々あった。

ひょっとしたら本書の読者の中にも同じ価値観の持ち主がいるかもしれない。

そんな人に対して囁いておきたいことは、**確かにお金がないうちはお金がすべてだと思うのも無理はないし、お金はやっぱり大切だが、入ってくるお金より出ていくお金のほうが多くなれば、会社であろうと個人であろうとバンザイするのだ。**

こんなことは小学生でも理解できる話なのに、大人ができないのはどうしてなのか。

それは頭で理解することと身体がどう動くのかはまるで別だからである。

スポーツでもいくらルールを完璧に憶えて、数え切れないほどイメージトレーニングを繰り返しても、実際に身体がその通りに動いて優れたパフォーマンスができるかどうかは別の話だ。

本当にわかるというのは頭で理解することではなく、身体がその通りに動き、さら

には習慣化することに成功していることである。

実は私と同じ文筆業にもたまたまその年にベストセラーが出せて、その印税でマンションと高級外車を購入してしまい、翌年の所得税と住民税、さらには予定納税の支払いが不能になり、税務署の調査が入って追徴課税を支払わされたという話がある。

そういう人は一度贅沢を知ると、貧乏になっても抜け出せない人が圧倒的に多い。最悪の場合は闇金業者に借金してでも贅沢な生活を維持しようとして、それが巡り巡って自殺や殺人に発展するケースも表にならないだけで枚挙にいとまがない。

翻って、あなたはどうだろうか。

他人事だと思って嘲笑している人ほど危険だ。

彼ら彼女らだってお金持ちになる前はその類いのニュースを見て、「世の中には本当にバカなヤツがいるものだ」と嘲笑する側だったはずだからだ。

身の丈に合ったお金の使い方の初歩は、いかなる理由があっても自分の年収分の蓄えをしておけということだ。

あの世までお金は持って行けないから過剰な貯金もバカのすることだが、身の丈に合わない生活をするのもバカだ。

18

一流の人だけが
知っている、
他人には絶対に
教えない
この世界のルール。

いかなる理由があっても自分の年収分の蓄えをする。

19 自分がご馳走《ちそう》したことは誰にも話さない。

お金の使い方が下手な人の特徴として、恩着せがましいというのがある。

せっかくご馳走してあげたのに、「ちゃんとお返ししろよ」「まだお前のお礼を聞いていなかったよな」と言ったり、周囲に自分がご馳走した話を吹聴《ふいちょう》したりするのは最悪だ。

それではお金をドブに捨てただけではなく、そのドブの水があなたの顔や服に跳ね返ったようなものである。

自分がご馳走した時の鉄則は、そのことを誰にも話さないことだ。

誰にも話さないことで、初めてあなたがご馳走した価値が高まるのだ。

……ここまでは巷の自己啓発書にもよく書かれている内容だろう。

ここから先はどうかあなたと私だけの秘密として、口外しないでもらいたい。

どうせご馳走するのなら、口が軽い人間を選んでご馳走することだ。

綺麗事を抜きにすれば、あなたがご馳走したことをあなたも口外せずに、そのご馳走した相手も口外しなければ、あなたはご馳走しなかったのと同じだ。

誰にも知られないということは、この世に存在しなかったのと同じではないか。

「いやそんなことはない。神はちゃんと見ている」と一点の曇りもなく確信できるのならいいが、少なくとも私はそんなのは綺麗事に過ぎないと思っている。

もちろん家族やパートナーに対してそんな野暮なことを考える人はいないだろうし、私もそんな人間は愚か者だとは思う。

だが赤の他人で特別に愛している相手でもなければ、やはりあなたがご馳走したことを上手におしゃれに吹聴してくれる人間でなければ割に合わない。

冗談ではなく、一流の世界はこういう細かい工夫《くふう》の積み重ねが極めて大切なのだ。

これは日本に限らない。

欧米でも貴族が誰かにご馳走するということは、その恩に報いてくれると確信した相手のみである。

赤の他人や恩知らずにご馳走する理由などどこにもないのだ。

すでにあなたもお気づきのように、自分が未熟者のうちは一流の人からご馳走してもらったことをあちこちで吹聴することだ。

もちろん下流の世界でのマウンティングとして使うのではなく、「あの人のこんなところが素晴らしい」「こんなに素敵な人だった」という評判を広めるのである。

念のため注意してもらいたいのが、自分と男女の関係などを匂わせる悪評を広めてはならない。

ご馳走になったことそのものを広めるのではなく、ご馳走になったことを通して学んだこと、気づかされたことを広めるのである。

究極はあなたがこの先成功して一流の世界に入り、インタビューを受けた際にいやみなく、「今の私があるのは○○さんのおかげです」とおしゃれに答えられるといい。

あなたがご馳走すべき相手とは、そういう相手なのだ。

もしそんな相手がいたら、どれだけご馳走してもいいと思えるだろう。

それが正しいお金の使い方であり、最大限に生きるお金の使い方なのだ。

19

一流の人だけが
知っている、
他人には絶対に
教えない
この世界のルール。

どうせご馳走するのなら、口が軽い人間を選んでご馳走する。

20

お金を持つようになって一番便利なのは、時間を買えること。

すでに使い古された言葉だが、時間はお金よりはるかに大切である。

この事実に全身の細胞で一点の曇りもなく気づかされるのは、生涯賃金を稼ぎ終わってからだろう。

実際に一流の人たちからそう教わってきたし、私自身も実際にそうだったからこれは間違いない。

お金を持つようになると一番便利なのは、時間を買えることなのだ。

私は38歳の時に自分で決めた生涯賃金を稼ぎ終えたが、幸いなことに自分が思っていたほどには物欲がなかったため、時間を買いまくった。

単にかかる時間を短くするだけではなく、自分にとって宇宙で一番快適な環境を構築することも時間を買うことと同義だ。

自分が生きる環境を快適にすれば、死んであの世に逝かなくても、すでにこの世が天国になるからである。

特に私は文筆業だからどんな空間で生きるのかがとても大切になってくる。人によっては高級ホテルのラウンジに通う場合もあるだろうし、世界を旅しながら執筆活動を続けている人だっている。

私はそれらのいずれも継続して試してみたが、自分の書斎を高級ホテルのラウンジ以上にしたほうがいいとわかったし、都会でも緑のあふれた書斎から贅沢で大きな窓の前で執筆すれば世界を旅する以上に私の思考力や想像力が発揮できることもわかった。

今回初公開だが、お金を持つようになってから一番時間を買えたという実感があったのは、私のほうから移動する必要が一度もなくなったことである。

それまではお金持ちでもないのに私からせっせと動かなければならず、時間も旅費・交通費もたくさんかかっていた。

ところが実際に旅費・交通費が気にならないくらいのお金が手に入ると、自分から動かなくても向こうから私に会いたいと勝手に書斎に来てくれるようになったのである。

つまりお金を稼げば稼ぐほどにお金を使う必要がなくなって、自分から移動する必要もなくなったため、ますます自分の時間が生まれるようになったのである。

自分の時間が増えるとまた何かを創造できるから、またお金が増えてしまう。

お金が増えると私はそれでより快適な時間を買うから、またお金が増える環境がさらに構築される。

こうした正のスパイラルを描くのを学んだのは、大学時代の読書を通してであり、それを地道に検証したのは社会人になってから出逢ってきた3000人以上のエグゼクティブたちとの対話を通してである。

現在の私があるのはひとえにこれまでに出逢った一流の人たちのおかげである。

私はそれらをただ愚直に真似して行動に移し、習慣化しただけなのだ。

一流の人たちの時間に対する考え方、哲学というのは自分から教わる姿勢がなければ永遠に知り得ない。

時間というのは誰にでも平等に与えられている、というのは実は嘘である。

あなたも将来お金をたくさん持てばそれがわかるだろう。

20

一流の人だけが
知っている、
他人には絶対に
教えない
この世界のルール。

お金を稼げば稼ぐほどに
お金と時間を使う
必要がなくなる。

21 見《み》栄《え》を張るための買い物は、とてつもない負債である。

この世で承認欲求のない人はいないし、誰にでも見栄を張りたいという本能はある。ところがそれが過剰になるとお金だけではなく、人望もなくしてしまうから要注意だ。

たとえば見栄を張るための買い物の最たるものは、自動車ではないだろうか。

軽自動車を推奨したいのではなく、すこぶる燃費の悪い桁違いの超高級外車を見栄のために購入するのは様々な意味でとてつもない負債になるということだ。

なぜそのような超高級外車を所有したがるのかと言えば、それを運転している自分を、あるいはその後部座席にふんぞり返っている自分を人に見られたいからだろう。

幼児のように正直でかわいらしいとは思うが、残念ながらそうした成功を継続させた人を私は誰一人知らないのだ。

いやむしろ見るも無残に落ちぶれてしまい、行方をくらました元成金が圧倒的に多い。

誰か一人くらい10年以上そうした生活を継続している一流の人を思い出そうとしても、どうしても思い出せない。

あるいは異常な大豪邸も同じだ。

まるで小学校や中学校のように何十もの部屋があり、敷地もゴルフ場のように広大だ。きっとお手伝いさんも雇い、専属のコックもいるのだろうが、いずれも長くは続いていない。

中には夜逃げした人もいるし、借金返済のために二束三文で売りに出した人もいる。

もちろん財閥系の後継者だとか世界で名を馳せる欧米の大富豪なら話は別だろうが、少なくとも一代で財を築いた一流の人たちは、そろいもそろって驚くほどにシンプルで健全な生活をしていた。

確かに住居は普通よりは広いし、自動車も高級だ。

しかし例外なく「あなただったらもっと高いのを買えたのに……」と思わせるものを所有していたものだ。

9割以上の人が100坪以内の土地に住居を所有し、1000万円以内の国産車を大切に乗っていた。

別荘を所有している人も多かったが、いずれも驚くほど豪華絢爛《けんらん》なものではなく、シンプルで実用的なものだったと記憶している。

こういう事実を知ると、「お金は循環させなければいけないから、どんどん贅沢をすべきだ！」と声高に叫ぶ成金は多いが、別に贅沢をしなくてもお金を循環させることなんていくらでもできる。

強要はしないが寄付もその一手段だし、面白いアイデアを持つ若者に出資したり、自分で複数の会社を立ち上げたりすることもできるだろう。

世界レベルの大富豪はそういうことをすべてやり切った上で、それでも余ったお金であえて贅沢しているのだ。

順番が違うのである。

見栄を張る買い物をし過ぎると嫉妬の対象にもなり、税務署にも目をつけられるから世間が敵だらけになるだろう。
それに一流の世界からは「あれは下品だ」と烙印《らくいん》を押されて、ブラックリストに入れられることになる。

せっかく成功したのだから、次は成長しよう。

21

一流の人だけが知っている、他人には絶対に教えないこの世界のルール。

一流の人ほど、シンプルで実用的なものを買う。

22 最強のローリスク・ハイリターンは、適正価格の学習教材である。

どんなに大富豪になっても、どんなに自社の社員数を増やしても、絶対に一流とは認められない人がいる。

それは教養のない成金である。

どうやらこれは世界共通のようだ。

表向きはともかく教養のない成金は本心では見下されている。

それは世間からだけではなく、自社の社員からも見下されているのだ。

これを読んで怒り心頭に発した人もいるかと思うが、本当なのだから仕方がない。

だが本書は以上の事実を踏まえて、だったらどうすればいいのかを伝えるために私は執筆している。

まずあなたに一生忘れないでもらいたいことは、この世で最強の投資は勉強であるという事実だ。

この世で最強のローリスク・ハイリターンは適正価格の学習教材なのだ。

高額な学習教材を売りさばく悪徳業者もいるから注意は必要だが、一般に書籍なら数千円、パッケージ化された教材なら数万円が妥当である。

特殊な専門書を除けば書籍で数万円、通信講座や情報商材関連で数十万円というのは適正とは言い難い。

それ以上となれば関わるべきではないと私は思う。

なぜここで私は適正価格にこだわるのかと言えば、法外に高い教材はむしろ劣悪な商品のほうが多いからだ。

英語教材一式で数十万円以上するものより、1万円以内で受験用のロングセラーをそろえたり、英検やTOEICの定番の教材を地道に勉強したりしたほうがはるかに成績が伸びるのは間違いない。

数十万円以上する情報商材を購入するより、しかるべき出版社から出されている、しかるべき著者の本を1万円分購入して熟読したほうが明らかに成功に近づけるのは間違いない。

あなたには絶対に忘れてもらいたくないから、もう少し詳しく述べよう。

なぜ法外に高い教材が偽物なのかと言えば、もし本物であればちゃんと世間に流通して、もっと値下げされて最終的には適正価格に落ち着くはずだからである。

さらにストレートに言ってしまえば、そもそもそんなに高い教材を購入するのは適正価格の教材が習得できないバカばかりなのだ。

だからこそお金を払えばもっとお手軽に習得できるに違いないと甘ったれたバカが、お手軽に飛びつくのである。

需要と供給のバランスが見事に取れており、合法的にビジネスが成立しているというわけである。

しかし合法的ならば何でもいいのかと言えば、それではあなたも三流や四流に落ちぶれてしまう。

「経営の神様」が仰《おっしゃ》っていたように、合法的なのは当たり前として、美しく稼がなければ一流とは言えない。

適正価格の教材を手に触れてみればわかるが、ロングセラーはどれも美しく洗練されている。

本当に申し訳ないくらいに安いと思える。

だからこそ限られた人生で極限まで勉強に打ち込みたい。

これは私の経験からお約束するが、お金は裏切ることはあっても勉強だけはあなたを裏切らない。

22

一流の人だけが
知っている、
他人には絶対に
教えない
この世界のルール。

この世で最強の投資は勉強である。

23 子に遺産を期待させない。

私が一流の世界で学んだ最高の報酬は、子に自分の遺産を期待させてはいけないという教えだ。

これはあらゆる業界の一流の人々が異口同音に、しかも繰り返して教えてくれた。

一流の人たちがその後没落するきっかけの過半数が、子に遺産を期待させてしまい、それを機に運気が急降下して奈落の底に落ちてしまうというパターンだった。

どんなに素晴らしい人であっても、これをやらかすとすべてがご破算になってしまうのだ。

なぜ東大卒で頭脳明晰なはずの跡継ぎのボンボンが、会社のお金を100億以上も使い込んでギャンブルに狂ってしまうのか。

それは遺産を期待したからである。

自分の力なんて本当は0・1もないのに100も1000もあるように錯覚してしまう。

さらにそういう勘違いしてつけ上がった人間というのは、実力でのし上がってきた真の成功者よりプライドが高い。

ただそのプライドとはコンプレックスの裏返しである。

心の底では本当は自分の実力が0・1であることを知っている。

だから自分に嘘をついて100や1000の扱いを受けるように虚勢を張るのだ。

周囲の自分に逆らえない連中たちにもそれを強要する。

あるいはグンとレベルを下げると、田舎の土地持ちの後継者たちは働かないまま大人になったボンクラが多いだろう。

何の実力もない人間なのに遺産だけは約束されていると思っているから、同じような無能なお金持ち同士で暇さえあれば悪いことばかりしている。

私の周囲の一例ではクスリや暴力沙汰で何度も逮捕されている人間もいる。

以上はわかりやすい具体例だが、角度を変えればあなたの周囲にもこういう連中は掃いて捨てるほどいるはずだ。

それを他人事としてではなく、自分事として考えられる人が一流を維持できる人である。

一番やってはいけない教育は、「自分は働かなくても、親の遺産があるから好きなことばかりできる選ばれし者なのだ」と思わせてしまうことだ。

成功した芸能人やスポーツ選手のご子息、ご息女の中に異様に性格の悪い人間がいて、中には犯罪者たちまでいるがそれらの根っこは同じだ。

無能で売れない自称芸術家や音楽家の中にも異様にプライドが高くて性格が悪い人間が多いのも、「自分は親の遺産があるから売れなくても絶対的に偉い」という甘えがあるからだ。

なぜ異様に性格が悪くなるのかと言えば、やはりそんな性格の悪い無能な落ちこぼれのことを認める人間などこの世の中には一人もおらず、いるとすれば遺産目当てのヒモだけだからである。

常に自分は無能であることをコンプレックスに思っており、その反動で自己防衛として強く振る舞っているに過ぎない。

二十歳を過ぎたら誰もが大人でありすべて自己責任だが、堕落のきっかけを作ったのは、たとえほんのわずかでも遺産を期待させた保護者なのだ。

23

一流の人だけが知っている、他人には絶対に教えないこの世界のルール。

一番やってはいけない教育は、「選ばれし者なのだ」と思わせてしまうこと。

24

お金とは、力である。

これは予想外かもしれないが、一流の世界ではお金は徹底して道具と考えられている。

それもとても便利な道具であり、上手に使わない手はないと思われている。

換言すれば、お金のために寿命を削るのは無駄だし、お金のために人生を振り回されるのもバカバカしいということだ。

私は20代の頃からエグゼクティブたちと一緒に仕事をさせてもらったため、お金に対する姿勢を徹底的に教わり、そして身体の芯まで刷り込まれた。

今ではそれに深く感謝している。

簡単に言うとお金とは単純に力だから、それを上手に使えばあなたはスムーズに権力者になりやすいということだ。

たとえば一流の人は高級ホテルのラウンジや高級レストランには滅多に顔を出さない。

今回初公開だが、その理由は高級ホテルやレストランで働くスタッフたちは、お金の力の意味がわかっていないからである。

これはお金で動くような人間ではない、という褒め言葉ではない。

悪い意味でお金の価値がわかっていない、無知蒙昧《もうまい》だという意味である。

これまで一流の人たちから教わった知識だけでは机上の空論になるからと考え、私は約2年かけて都内の知る人ぞ知る高級ホテルやレストランで、ランチ→アフタヌーンティーセットー→ディナーと200回以上にわたって1次情報収集のために調査してきた。

どれくらいやり込んだかと言えば、そのフロアのスタッフ全員の名前を記憶してしまったくらいである。

その結果明らかになったのは、ホテルや飲食業で一流と言われる人材は、三流どこ

ろか四流がメインだという事実である。

三流は単に無能なだけだが、四流は無能に加えて性格も悪い。マネージャークラスになると多少マシかと期待したが、四流が単に老け込んだだけの、コンプレックスの塊のような連中が多く見られた。

私は終始ニコニコしていたので、そんなことを考えているとは誰も気づいていないはずだ。

一流の人々が求めているのは、きちんと媚《こ》びることである。

誰もこんなことを口に出しては教えてくれないが、接客業とは正々堂々と媚びることであり、それがプロの召し使いなのだ。

ここに議論の余地はない。

正々堂々と媚びるというのは、卑しく媚びるのではなく、美しく媚びるということだ。

海外に行くとまだチップ制は多いが、あれはお金が力であることの健全な表れである。

接客業は好悪を出してはならず、お金次第で清々《すがすが》しく態度を変えるのがプロの証《あか》しである。

「私たちは召し使いではありません！」というせこいプライドを見せるから、いつまで経《た》っても四流の世界から抜け出せないのだ。

世界のVIPが日本のホテルには自分たちが宿泊できるような一流がないから困っているのは有名な話だが、彼ら彼女らは宿泊料が安過ぎて心配なのだ。

世界基準では1泊300万円が一流ホテルの下限と考えられている。

24

一流の人だけが
知っている、
他人には絶対に
教えない
この世界のルール。

お金次第で清々しく態度を変えるのがプロの証し。

お金の力が
わからない相手に
お金を払わない。

PART

4

一流の人が、他人には絶対に教えない「教養のルール」

25

外国語より、日本語。

なぜ英語の勉強が流行《はや》っているのか、あなたは真剣に考えたことがあるだろうか。

それは英語の勉強を流行らせたほうが儲かる人々がいるからである。

莫大《ばくだい》な広告費を注ぎ込み、大衆の不安を煽《あお》り続け、英語の勉強をさせることで自分たちが暴利を貪っているだけだ。

ごく稀《まれ》に英語を話せるようになる人もいるが、ほとんどの人が何も上達せずに終わる。

だからこそ英語関連のビジネスは儲かり続けるのである。

だがハッキリ言ってしまうと、凡人が英語を話せたところで何も意味はない。

単に地球上に英語を話せる凡人が一人増えただけであり、プライドの高い落ちこぼれが地球上を跋扈《ばっこ》するだけだ。

ネイティブから見れば下手くそな英語を話してくるだけの凡人であり、凡人の周囲にはやはり凡人が集まってくるだけである。

実は英語を話せたほうがいいのはエリートだけだ。

自分から何かのコンテンツを発信できるエリートであれば、自分が直接英語を話せるようになることでビジネスも人生も拡大しやすいからだ。

別にそんなことをしなくても日本市場だけで十分リッチな生活ができてしまうから、日本のエリートには英会話に無関心な人が多いのだ。

某外資系企業の採用担当者が私にポロリと漏らした本音がそれを如実に物語っているが、彼は私の書斎で「日本人は英語を話せるバカと英語を話せないエリートしかいなくて本当に不思議な国だ」と言っていた。

そのため彼の会社では渋々上智大学とＩＣＵからも毎年採用せざるを得ず、それらを下回ると明らかに早慶旧帝大以上の学歴の人材とレベルが違うから、英語を話せないエリートたちを採用して2年くらいかけて自社で英会話の教育もしているとのことだ。

ちなみに早慶旧帝大以上の学歴の持ち主に英語ができない人はいない。

特に一般入試で入学したサラブレッドたちはペーパーバックを読める程度の語彙力と文法力、読解力を一度は習得しており、それを回復させるだけだからである。

人は10代までに真剣に脳を鍛え抜いておくと、それがスタンダードになってすぐに頭の良さや思考の深さを取り戻せるのである。

では10代で真剣に脳を鍛えなかった人はどうすればいいのか。

外国語より日本語を徹底的に鍛えることだ。

もともと人間というのは一人一言語しか習得しないように脳が作られている。

例外的に複数の外国語を流暢《りゅうちょう》に話せる人もいるが、それは特殊であって一般ではない。

凡人はそういった特殊な例にすぐに憧れるが、だからいつまで経っても凡人なのである。

凡人は目の前の日本語の使い方を正しくすることが先決であり、外国語に逃げてはいけない。

母語の語彙力を増やし、歴史と文化を知り、それを日本語で語れるのが国際人なのだ。

25

一流の人だけが知っている、他人には絶対に教えないこの世界のルール。

目の前の日本語の使い方を正しくすることが先決。

26 英会話より、英文解釈と英作文。

これまで複数の同時通訳や英会話教室の経営者、現場の講師たちと対話をしてきたが、彼ら彼女らが異口同音に教えてくれた事実を帰納（複数の個別的事例から一般的法則を導き出すこと）すると次のようになる。

「頭の悪い人ほど英会話に走り、頭の良い人ほど英文解釈と英作文に注力する」

これは頭の良い人に対する批判ではなく、頭の悪い人に対する批判である。

彼ら彼女らが漏らしていたのは、語彙や文法が間違ったまま海外でペチャクチャしゃべられると、日本全体が舐《な》められるからやめてもらいたいということだった。

頭の悪い人の特徴は自分の頭が悪いと気づいていないことである。

だから語彙や文法がメチャクチャでも発音がそれらしいと（あくまでも自己評価で）思えば、まるで同時通訳にでもなったかのようにつけ上がって話すのだ。

よくインド人や中国人で発音がメチャクチャなのに堂々と英語を話すという話を聞くだろうが、あれは語彙や文法がちゃんとしているから傾聴してもらえるのである。

反対に母語が日本語ではない人が発音はそれ風なのに語彙と文法がメチャクチャだと、あなたはその人を丁重に扱わなくてもいいと（本音では）判断するのに対し、発音が多少下手くそでも語彙と文法がきちんとした相手なら「この人は祖国ではエリートだろう」と判断して丁重に扱うはずだ。

新しく何かを学ぼうと思ったら、頭の良い人の話を聞き、頭の良い人の文章を読むことである。

英語学習に関してもそれは例外ではない。

今から極めて危険な発言をするが、英語の勉強をするからこそ英語しかできない人ではなく、英語もできる人の意見を参考にすべきである。

英語しかできない人は単に幼少の頃から海外生活が長かった帰国子女だったり、本当に英語を習得するだけの才能に恵まれた人だったりして参考にならないことが多い。

それよりはちゃんと王道で他の勉強も学び、しかるべき結果を残し、ついでに英語もマスターした人の意見が参考になるに決まっているではないか。

高校受験や大学受験の英語が素晴らしいのは、会話より英文解釈と英作文に比重が置かれていることである。

勘違いしてもらいたくないが、英語を話すなとか英語を話してはいけないと述べているのではない。

英語の勉強で一番価値があって大変なのは英文解釈と英作文であり、それを克服すれば他が一気に習得しやすくなると述べているのだ。

頭の悪い人がなぜ最初から英会話に逃げるのかと言えば、そのほうが周囲の頭の悪い友人にお手軽に猫騙しのマウンティングをかませるからである。

反対に頭の良い人は時間がかかることが得意であり、先に英文解釈や英作文にじっくり腰を据えて取り組むのである。

早慶旧帝大以上のエリートたちが直前半年や1年の準備でＭＢＡ留学できるまで成長するのは、10代の頃に愚直な努力から逃げなかったからだ。

26

一流の人だけが
知っている、
他人には絶対に
教えない
この世界のルール。

英会話しか勉強しないのは、お手軽な猫騙しのマウンティングに過ぎない。

27 運動を習慣にするのは、医学知識を習得しやすくするため。

10代までの自分を振り返って瞬発力系か持久力系かを見極めるのは非常に容易だろう。

どちらかと言えば短距離走が得意だったら瞬発力系、長距離走が得意だったら持久力系になる。

これはもう遺伝で決まっているから、引っ越しすることはできない。

憧れだけで無理に向いていない運動に引っ越しすると、寿命を縮めることになるから注意が必要だ。

私は完全に瞬発力系だったから現在は筋トレを中心に、ストレッチとウォーキングを習慣にしている。

私の周囲には持久力系も多く、ジョギングとピラティスを組み合わせて習慣にしている人もいる。

他には週に何度かフットサルや野球をして汗を流す人もいる。

あなたが習慣とする運動は自分に合っていて継続できればそれが正解だ。

誰に強要されるわけでもなく、あなた自身が勝手にやりたくなり、勝手に継続するものだけを習慣にすればいい。

小説家の村上春樹《むらかみはるき》氏はもう何十年と長距離を走り続けていると自著で告白しているが、それが彼にとっての正解なのだ。

これは逆説的な表現になるが、無理に継続するのではなく、つい継続してしまったものを習慣化すればいいのだ。

私の場合だと筋トレは自室でできるし、ストレッチもウォーキングも室内で完結できる。

天候に関係ないから継続は難しくないのだ。

外を走る場合ジョギングは天候に関係ないとは言えないが、基本はランニングシューズとTシャツ、短パンさえあればいいことを考えると、やっぱり継続しやすいだろう。

さてそれではどうして運動を習慣にしたほうがいいのか。

「時間」をテーマにした章でも述べたように、私は人生で睡眠時間に次いで運動の時間を確保すべきだと考えている。

答えは医学知識を習得しやすくするためである。

医学知識の習得と言っても医師国家試験に合格するのが目的ではない。

これからの人生をあなたができるだけ健康的に生きて、寿命をまっとうしてもらいたいからである。

どんなにお金持ちになっても、どんなに今いる場所で一流になっても、健康を害したら人生は本当につまらなくなってしまう。

歯がズキズキ痛んだままでは好きなことなんてやっても幸せを感じないし、糖尿病だと診断されてからの人生は好きなものを食べられなくなってしまうからこれも幸せが半減してしまうだろう。

運動を習慣にすれば必ず自分の身体の変化に強い興味を持つようになるし、暴飲暴食もしなくなる。
さらにこれまで散々力説してきたように睡眠の重要性を理解できるようになる。マッチョになる必要はないが、ある程度の筋肉がないと人の体力は落ちるという事実が、頭ではなく文字通りあなたの身体で理解できるようになるのだ。
最後に各分野で一流の人たちから聞いた、とっておきの情報をここで囁いておくとしよう。

一流と超一流の違いは体力の差である。

27

一流の人だけが
知っている、
他人には絶対に
教えない
この世界のルール。

一流になっても、健康を害したら人生は本当につまらない。

28

西洋哲学を学ぶのは、常識を疑う姿勢を失わないため。

欧米のエリートたちが哲学を必須科目にしていることはすでに知られるようになった。

10年前と比較すれば日本でも哲学が知られるようになったが、それでも大学の哲学科の人気が急上昇したという話はあまり耳にしない。

私が受験生の頃は文学部の哲学科は一番成績の悪い同級生が進学していたし、私が進学した教育学部の一学科で教育哲学を専攻するのは、成績が悪くて他の専攻には入れなかった人間だと相場は決まっていた。

だが私が大学入学後の一般教養の講義で哲学に触れたところ、当時の私には話の内

容がチンプンカンプンだったけれど、これは理解できるようになったほうがいいと直感した。

最初は何が理解できないのかさえも理解できなかったが、入門書を読み込み、数学科や物理学科の学生に哲学の話をしたところ、数学や物理も哲学の一部であると教わった。

科学の世界にも科学哲学があり、それ以外にも政治哲学・倫理哲学・宗教哲学、そして教育哲学があることを知った。

今でも鮮明に憶えている数学博士が教えてくれた知恵は、「医学は生物学に、生物学は化学に、化学は物理学に、物理学は数学に、数学は哲学に還元される」というものだ。

それを聴いた私は全身に電流が走り、手当たり次第に哲学の本を貪り読んだ。

すると哲学の世界にも系譜があり、古代ギリシャではソクラテスからプラトンが、プラトンからアリストテレスが派生したことを知り、もう私の好奇心は止まらなかった。

その後アウグスティヌスからトマス・アクィナスまで宗教が理性を封じ込めた時代

が約800年も続き、マルティン・ルターやジャン・カルヴァンによる宗教改革後には、ルネ・デカルト、デイヴィッド・ヒューム、イマヌエル・カント、ゲオルク・ヴィルヘルム・フリードリヒ・ヘーゲル、セーレン・キルケゴール、ジャン＝ポール・サルトル、クロード・レヴィ＝ストロース……とすべて人類の知恵がつながっていることに感動した。

「そんなの人それぞれさ」という詭弁《きべん》は紀元前にプロタゴラスがソクラテスに論破されているし、私が経営コンサルタント時代から現在に至るまで稼がせてもらっている知恵を生み出す必殺技、「相矛盾するものの一体化はより高い価値を生む」はヘーゲルの弁証法そのものだ。

もしつらいことがあっても今この瞬間の生命に感謝してへこたれずに生きる姿勢は、ニーチェの超人思想から学んだし、人はいずれ必ず死ぬという事実を受容してから真の人生が始まるという人生の指針は、マルティン・ハイデガーの未完の書『存在と時間』を擦り切れるほど読んで教わった。

彼ら西洋哲学の知の巨人たちは、いずれもその時代を代表する誉れ高い天才ばかりだ。

そんな天才たちの知恵を学んで人生の予習をしない手はないではないか。
もちろん今となっては間違っているとわかる哲学もあるが、その時代背景を知れば
どれも深い考察の結果だと畏敬の念を抱くだろう。
西洋哲学の本質は常識を疑う姿勢を失わないことだ。

28

一流の人だけが
知っている、
他人には絶対に
教えない
この世界のルール。

天才たちの知恵を学んで人生の予習をする。

29 東洋哲学を学ぶのは、理屈を超えて体感する大切さを忘れないため。

実は私が先に学んだのは西洋哲学より東洋哲学だった。

その理由は至ってシンプルで、「孫子《そんし》の兵法」や「論語《ろんご》」が馴染《なじ》みやすかったからである。

そもそも当時は東洋哲学を学んでいるというつもりはなく、単に面白いから読んでいただけだった。

ところが西洋哲学を学ぶうちに釈迦《しゃか》や孔子も哲学者であるという解釈を知り、だったら西洋哲学同様に東洋哲学にも系譜があるはずだと推測したのだ。

すると東洋哲学にもやはり系譜があり、大きく分けてインド、中国、日本の哲学があることを知った。

最古とされるインド哲学の源流は紀元前1000年以上まで遡り、『ヴェーダ（知識）』の編纂《へんさん》からスタートしている。

ヴェーダに基づくアーリア人（高貴な人）の宗教がバラモン教であり、自分たちバラモンがピラミッドの頂点だという教えを強要するカースト制度が生まれたのだ。

紀元前800年頃になるとバラモン教内部でも「これはさすがにずるいだろ」という批判が抑えられなくなり、分裂して生まれたのがウパニシャッド（奥義書）哲学である。

ウパニシャッド哲学の要諦は「梵我一如《ぼんがいちにょ》（我々一人ひとりと宇宙の本質は同じである）」であり、ここから東洋哲学は派生していくことになる。

まず紀元前にはウッダーラカ・アールニ、ヤージュニャヴァルキヤ、ゴータマ・シッダールタ（釈迦）が活躍し、紀元後にはナーガールジュナ（龍樹《りゅうじゅ》）というそれまでのインド史上最強の天才が出現した。

現代に生きる我々からすると彼らはすべて詭弁の天才たちだと思えるかもしれないが、虚心坦懐に一人ひとりの思想を学べば、インターネットもない時代によくここまで考え抜かれたものだと敬服するだろう。

場所を中国に移すと、ちょうど釈迦と同じ時代に孔子という思想家が生きていた。孔子は儒家《じゅか》の教祖で有名だが、彼の「仁《じん》（愛）」の教えを孟子《もうし》が、「礼《れい》（規律）」の教えを荀子《じゅんし》が引き継ぐことになり、さらにその荀子の教えを韓非子《かんぴし》が法家《ほうか》（ルールがすべて主義）として完成させることになった。


この韓非子の法家哲学はあの秦《しん》の始皇帝《しこうてい》に絶賛され、敵国にもかかわらず「この男に会えたなら死んでもいい」と言わせたほどで、本当に始皇帝は中国を統一させた。

ご存じのようにこれら中国の哲学者たちは戦国時代に登場した諸子百家《しょしひゃっか》である。

彼らは群雄割拠の戦国時代に生きるリーダーの心構えを説き続けた哲学者たちだ。

同時代に中国に生きたやや毛色は違う老子《ろうし》と荘子《そうし》の「老荘《ろうそう》思想」はノーベル物理学賞を受賞した湯川秀樹《ゆかわひでき》博士に影響を与えている。

時代と場所を変えて西暦1200年頃の日本では、唯円《ゆいえん》（親鸞《しんらん》の弟子）の『歎異抄《たんにしょう》』と道元《どうげん》の『正法眼蔵《しょうぼうげんぞう》』が圧巻だ。

逸話では「禅」は菩提達磨《ぼだいだるま》によりインドから中国に伝えられ、そこから日本に上陸したとのこと。

東洋哲学は西洋哲学とは対極でとことん自己と向き合い、理屈ではなく体感するものだ。

29

一流の人だけが知っている、他人には絶対に教えないこの世界のルール。

とことん自己と向き合い、理屈ではなく体感する。

30 芸術を学ぶのは、美しさの正解を知っておくため。

装丁家の鈴木成一《すずきせいいち》氏が「装丁には正解がある」と述べている。

私はこの考え方が好きだ。

よく「学校の勉強には正解があったが世の中に出たら正解はない」と聞くが、ある意味それは甘えにもつながると思う。

現実には仕事に限らず世の中のあらゆるものには絶対の正解がないのは正論だが、それを言っては何も始まらない。

この世の中の本質は混沌《こんとん》だが、その混沌にあえて言語や数式という仕切りを入れて我々人類は学問を発展させて、文化や文明を築いてきたのだ。

本当は科学なんて人類の思い込みであり、人類にしか通用しないルールかもしれないが、それでも人類にとって欠かせなかったのもまた事実だ。

同様に芸術を学ぶのは美しさの正解を知るためである。

これまで一流と言われてきた芸術から美の正解を学ぶことによって、何が美しいのか、何が美しくないのかを知ることができるだろう。

「芸術なんて何の予備知識もなく心で感じたままでいい」という甘いセリフにすぐに便乗するのが三流や四流である。

それは経営や集客に困っている美術館がそう誘惑しないと廃業してしまうから戦略として嘘をついているに過ぎないのだ。

興味があってもなくても人生で一度だけでいいから、クラシックを真剣に聴いてみるのだ。

ヨハン・ゼバスティアン・バッハ、ヴォルフガング・アマデウス・モーツァルト、ルードヴィヒ・ヴァン・ベートーヴェン、フレデリック・ショパンがなぜ国境と時代を超えて愛され続けるのかが体感できるだろう。

続いてビートルズも瀧廉《たきれん》太郎《たろう》も武満徹《たけみつとおる》もこれから１００年先も世界中で愛され続け、

世界中のポピュラーミュージックが次々に生まれて次々に消えていく理由もわかるだろう。

《モナリザ》《アダムの創造》《睡蓮《すいれん》》《ゲルニカ》を鑑賞すればなぜそれらが国境と時代を超えて愛され続けるのかが体感できるだろう。

邦画では黒澤明《くろさわあきら》監督の『七人の侍』、洋画では『ニュー・シネマ・パラダイス』『レオン』『ショーシャンクの空に』『最高の人生の見つけ方』はこれから先100年も間違いなく世界中で愛され続けるだろう。

もちろん私はJ-POPも現代アートもオリジナルビデオも悪いとは微塵も思わないし、むしろそれらが大好きだ。

ただしそれらが芸術か否か、100年後も人々の魂を揺さぶるか、という問いについてはNOと言わざるを得ない。

やはり美には正解があり、その正解からは逸脱するのである。

私なりの美の正解の基準は二つある。

一つは理屈を超えて魂を揺さぶること。

言葉では説明できないし、説明する必要もない。

言葉で説明できた時点で、それは芸術ではない。
ただ黙って浸るだけでいい。
もう一つは数学的であること。
論理的であると言い換えてもいい。
ただしそれは緻密に計算された痕跡が完全に消えており、匂わせてもいけない。
理屈を超えることと数学的であることは矛盾している。
この相矛盾したものの一体化が真の芸術だと私は考える。

30

一流の人だけが
知っている、
他人には絶対に
教えない
この世界のルール。

何が美しいのか、何が美しくないのかを知る。

31 小説を読むのは、人の心の痛みを予習しておくため。

すでに顕在化してきたが、人生で小説を大量に読んできた人と一切読んでこなかった人には明確な違いがあることがわかった。

それは人の心の痛みがわかるか否か、である。

これについてよく取り上げられるのが、1995年3月に地下鉄サリン事件で世間を震撼させたオウム真理教《しんりきょう》の教団幹部の経歴だろう。

東大の医学部、慶應義塾の医学部を筆頭に、日本を代表する高学歴が多数いたが、勉強がべらぼうにできた割に小説はろくに読んだことがないという人がほとんどだった。

その後も宗教団体ではないが高学歴エリートが多数所属する名門企業で不祥事が絶えなかったが、彼ら彼女らの特徴もまったくと言っていいほど小説を読んだことがない点で共通している。

倫理的に問題のある犯罪を起こすエリートに共通しているのは、受験参考書以外に読むとすればせいぜい経営戦略やマネジメント戦略などのビジネス書くらいで、小説など偏差値や売上に直接関係ないものは価値がないと判断してまず手を出さない点である。

何を隠そう私自身が大学に入学してしばらくはその典型だったからよくわかるのだ。

大学デビューで読書に没頭した私は、小説を読みながら様々な登場人物に感情移入して、想像力を膨らませ、相手の立場になってものを考えられるようになった。

当時は読解力が著しく欠如していたため、周囲に「なぜこの登場人物は泣いたのか」「どうして彼女は愛しているはずの彼を殺したのか」と、しつこいほど聞きまくったものだ。

夏目漱石《なつめそうせき》、森鷗外《もりおうがい》、志賀直哉《しがなおや》、谷崎潤一郎《たにざきじゅんいちろう》、芥川龍《りゅう》之介《のすけ》、川端康成《かわばたやすなり》、太宰治《だざいおさむ》、三《み》島由紀夫《しまゆきお》といった文豪の本を読む前には、必ずその書評や解説本を熟読した。

その上でオリジナルの小説を読んだほうが何倍も、何十倍も深く読むことができた。
今振り返ってもあの読書法は間違っていなかったと確信している。

「本からではなく、自分の体験から学べ！」と力説する三流や四流の人はとても多いが、だからいつまで経っても三流や四流なのである。

少し考えればすぐにわかることだが、三流や四流が自分の体験から学べることなんてたかが知れているではないか。

私自身も三流や四流、五流や六流から出発したが、小説を貪り読むことによって自分が何十回、何百回生きたところで、私一人の体験からは永遠に学べないことを学ばせてもらった。

夏目漱石の『それから』『門《もん》』『彼岸過迄《ひがんすぎまで》』『行人《こうじん》』『こゝろ』だけは、受験用の参考書やインターネットの動画解説に頼ってでも、何としても人生のどこかできちんと理解して、自分のものにしておくことをおススメする。

ウィリアム・シェイクスピアの四大悲劇『ハムレット』『オセロー』『リア王』『マクベス』も、お子様用でもいいから熟読して解説書も読んで自分のものにしておくことだ。

以上を読み込んでおけば、他の小説も読みやすくなる。

31

一流の人だけが知っている、他人には絶対に教えないこの世界のルール。

自分の体験から学べることなんてたかが知れている。

32 真の情報収集とは、必ず反対意見も傾聴すること。

教養の最後でとっておきのサバイバルの知恵を伝授したい。

これは効果絶大なのでぜひ今この瞬間から試してもらいたい。

病みつきになるはずだ。

それは情報収集する際には必ず自分と反対意見にも目を通したり傾聴したりすることだ。

繰り返すが必ず、である。

インターネットでお手軽に情報をゲットできるようになったが、私たちは全然幸せにはなっていない。

まずこの事実を受容することだ。

なぜ便利にはなっても幸せにはなれないのか。

それは自分と同じ意見ばかりを集めて、我々が知的怠惰に陥っているからだ。

たとえばあなたが醜く太っていると仮定しよう。

あくまでも仮定だ。

本当は食事制限をして運動をして場合によってはプチ整形くらいしなければならないのに、事実を受容せずに現実逃避して、「別に太っていないよ」「今のままで十分にかわいいよ」と嘘をついておだててくれる人の意見だけを鵜《う》呑《の》みにしたらどうなるだろうか。

永遠に醜く太ったまま人生を終えなければならない。

それどころか今よりもっと醜く太るのは必至だ。

以上はあくまでも仮定の話だが、これは人生すべてに当てはまるとは思わないだろうか。

私は経営コンサルタントの駆け出しの頃にとても疑問に思うことがあった。

業界最大手で申し分のない成長率を続けているのに、毎年のようにコンサルティン

グの依頼をし続けてくれる会社が驚くほど多かったことだ。

もうコンサルティングなんて必要ないのに、それでも毎年出た利益のうち一定の割合を調査・分析・予測に投資し続けていたのだ。

しばらくしてその理由がよくわかった。

まず高い税金を払うくらいなら、知恵や戦略に投資したほうがマシだということ。

1000億円の利益が出て数百億円の税金を支払うくらいなら、1000億円の利益から900億円をコンサルティングやシンクタンク、広告宣伝費に投資して、100億円の利益から税金を支払ったほうがいいに決まっている。

次にその道何十年のベテランの固定観念とはまるで違う視点が欲しかったということ。

これは業界の模範解答とかけ離れていればいるほど感謝されたものだ。

なぜならその突拍子もないアイデアが社内で刺激になり、ブレイクスルー思考が生まれやすくなるからである。

だから勝ち組はますます勝ち組になるのだ。

私もこれに倣い、本は必ず殺意を抱くほど価値観の異なる著者のものを積極的に読むようにしているし、インターネットの情報も同じ意見には1分以上関わらず、「これは違う！」と叫びたくなる意見だけを厳選して熟読している。

それが真の情報収集であることを、経営コンサルタントをしながら反対に一流の顧問先から教わったからである。

もちろんどう考えても私が正しいこともあるのだが、反対意見の周辺には必ず私の致命的な弱点が潜んでいるからとても助かっている。

32

一流の人だけが知っている、他人には絶対に教えないこの世界のルール。

業界の模範解答とかけ離れていればいるほど感謝される。

本物の教養を
習得したければ、
急がば回れ。

PART

5

一流の人が、他人には絶対に教えない「人間関係のルール」

33 好悪より、尊敬できるか否かを重視。

一流の人の好悪が激しいことはすでに述べたが、ただしそれを露骨に態度に表すことは少ない。

そんなことをすればその場の空気が悪くなるし、巡り巡って思わぬ復讐《ふくしゅう》をされてそのまた復讐に余計な時間とお金がかかってしまうからだ。

一流は時間を大切にするからできるだけ寿命を無駄にしたくないのである。

嫌いな人間とは絶対に直接付き合わないが、もし付き合う価値があると判断した場合は人や会社を複数介して間接的に接触する。

一流の人の人間関係は好悪よりリスペクトを優先するのだ。

尊敬できる相手か否かで付き合う相手を決めるのである。

あなたもこれまでの人生を振り返ってみればわかるように、尊敬できる相手が必ずしも好きであるとは限らない。

異性にしても尊敬している相手としか恋愛関係にならないとは思うが、だからと言って尊敬している相手がすべて恋愛関係になるかと言えばそんなことはないはずだ。

私は一流の人たちを見ていて、ここが凡人との違いだと何度も気づかされたのである。

経営コンサルタント時代も私が顧客を好悪だけで選んでいたら、きっと顧客の数は一桁減って経験数も減るからこうして本を書くためのネタもすぐに尽きてしまっていただろう。

私は顧客を好悪ではなく尊敬できるか否かだけで選んできたため、リピートと紹介が途絶えなかったのだと確信している。

自分が相手を尊敬しているのか否かは必ず伝わるし、こちらがプロとしての仕事をすれば相手も100%尊敬を返してくれたものだ。

現在の出版や音声とPDFのダウンロードサービスも同様で、私の好悪は関係なく相手を尊敬できるか否かだけで仕事をスタートしている。

だからこそおかげさまでこれまで数多くの本を出せてきたし、毎月2回発売の音声ダウンロードサービスは気づいたら6年目に突入し、毎月1回発行のPDFダウンロードサービスも3年目に突入しているというわけだ。

いずれも紹介は発生しているか否かわからないが、リピートは増え続けている。

さらに特別に囁いておくと、二流や三流の人は相手の容姿や服装にうるさい人が多いが、一流の人は相手の能力、実力だけで判定することが多かった。

私は経営コンサルタント時代に業界1位から業界1000位くらいまでの広告代理店やそれらの出身者と仕事をしてきたが、業界順位が下がるにつれて服装が奇抜になり、他人の容姿に厳しかったものだ。

これは経営コンサルティング業界も同じで、業界順位や格、社員たちの平均偏差値が下がるほど奇抜な服装とヘンテコなメガネをし、カタカナ語を連呼して自分の会社を「ファーム」と呼んでいた。


一流は圧倒的な実力で淡々と勝負するだけでいいから外見はシンプルなのだ。

33

一流の人だけが
知っている、
他人には絶対に
教えない
この世界のルール。

容姿や服装ではなく、能力、実力だけで判定する。

34

孤独に弱い人は、永遠に一流にはなれない。

一流の人は例外なく孤独だ。

もし孤独ではない一流の人がいれば、その人は偽物である。

つまり二流か三流、それ未満の人物だ。

ここに議論の余地はない。

なぜ一流は孤独なのか。

その理由は様々あるが、ここでは三つほどお伝えしよう。

まず一流は超一流を目指して日々成長したいため、自分の時間を確保するためには群れて騒いでいる暇などないからである。

これはニーチェの「力への意志」という哲学的概念とも一致し、すべての人には本来「もっと強くなりたい」「もっと賢くなりたい」「もっと上手《うま》くなりたい」という本能が備わっており、そうした「もっと○○になりたい」に忠実に日々生きるのが最高の人生なのだ。

ところがそうした「力への意志」に忠実に生きようとした途端、凡人たちが邪魔をしてくる。

村社会を抜け出して一人だけ頑張るとあの手この手で誘惑して足を引っ張ってくる。

それでは思う存分「力への意志」を発揮できずに、偽物の人生で終わってしまう。

だから一流は凡人と群れるより孤高に輝く人生を選んで日々成長する生き方を好むのである。

次に一流は二流や三流の情報を知覚したくないため、同じ分野の二流や三流は言うまでもなく、他分野の二流や三流にも嫌悪感を抱くからだ。

一流の視覚・嗅覚・味覚・聴覚・触覚によって一流は一流を維持しているため、二流のビジュアル・匂い・味・音・感覚を自分の体内に取り込みたくないのである。

だからたまに外装で上手く騙した二流や三流の飲食店に、一流のカップルが迷い込んでしまって、「あっ、間違えた！」という顔ですぐに店を出る現象を見かけるのだ。学生時代でもクラス替えがあった直後、一流の同級生が二流や三流の同級生に話しかけてしまい、「あっ、間違えた！」という顔でサッと離れるのをよく見かけたかと思うが、あれも同じ現象だ。

芸術家・文筆家・プロスポーツ選手・大工・料理人・靴職人・サラリーマン……その人の職業が何であろうと一流は一流の五感を大切にしており、二流や三流の五感を一切受け付けないのである。

最後に絶対的に一流の人は群れると単純に目立たなくなってしまい、相対的に損だからである。

一流の人と群れて得をするのは二流や三流の凡人だけであり、一流は何も得をしないどころか足を引っ張られてしまう。

二流や三流と仲間ではなくて、引き立て役として脇に置いておくのならいいだろう。美人が戦略的にそばに普通の子を置いておくことにより、より自分の美しさを引き立てるのは悪くない。

しかし美人が普通の子と対等に群れてユニットを組むと、それは結果的に普通の子に騙されたことになる。
ユニットを組んで得をするのは二流や三流だけである。
ピンでやっていける真の一流はユニットなど断じて組まない。
以上の理由で一流はあえて孤独を選び、命を燃やすのだ。

34

一流の人だけが
知っている、
他人には絶対に
教えない
この世界のルール。

一流は二流や三流の情報の知覚を避けている。

35 人生を破滅されたくなければ、悪口の運び屋とは即絶縁する

「人の悪口を言ってはいけません」というのは巷の自己啓発書で繰り返し述べられているし、それはそれで正しい。

むしろ自己啓発書のおかげで人の悪口を言うのは恥ずかしいという美学が浸透してきた気もする。

ここで私はそろそろ次のステージの美学を浸透させたい。

それは悪口を言っているらしい本人ではなく、その悪口を運んでくる〝運び屋〟がこの世で一番の曲者《くせもの》だという事実だ。

どうして悪口の運び屋はわざわざあなたに「あの人があなたの悪口を言っていた

よ」と密告してくるのか。

その理由を精緻に分析すれば、悪口の運び屋の実体が明らかになってくる。

もし悪口の運び屋がその悪口を運ばなければ二人の人を救ったことになる。一人は悪口を言っていた人であり、もう一人は悪口を言われた人である。

悪口の運び屋が密告さえしなければ、悪口を言っていたという事実も悪口を言われたという事実も、この世に存在しなかったはずだ。

18世紀に活躍したアイルランド出身の哲学者ジョージ・バークリーは、「実際に存在するかどうかは問題ではなく、我々に知覚された対象が存在していることになるのである」と述べたが、悪口もこれと同じで密告した瞬間に犯人と被害者が存在してしまうのだ。

つまり悪口を言った本人ではなく、悪口の運び屋がこの世に悪口を生み出した張本人ということである。

知らなければこの世に存在しなかったのに、知ってしまったために動揺して事故に遭って亡くなった人もいる。

中には故意に情報操作して完全犯罪の如《ごと》く人の人生を台無しにする悪人もいる。

私のサラリーマン時代にもプレゼンで社長が登壇する直前に、秘書がクレームの報告を耳打ちして社長が大パニックに陥って悲惨な結末になった事件があった。

この時私はバークリーの言葉を思い出し、「人生でこういう失敗だけはしてはいけない」と強く心に誓ったものだ。

もし講演終了後にクレームを報告していれば、社長にとってクレームは存在しなかったのだからプレゼンは大成功に終わっていただろう。

あなたも自分の人生を破滅させたくなければ、この種の悪口の運び屋とは即絶縁しよう。

ここまで読めば悪口の運び屋の本質が浮き彫りになったかと思うが、彼ら彼女らは意識的にせよ無意識的にせよ、他人の人生を破滅させることで快感を覚えるのである。

悪口を言う人が悪口を言うことで快感を覚えるように、悪口の運び屋は悪口をせっせと運び続けることで人の困った顔や悲しむ顔を見て快感を覚えるのだ。

嘘だと思うのなら、次に一度悪口の運び屋があなたに悪口を運ぶ時の表情や目の奥を観察してみればいい。

その表情は嬉々《きき》としており、あなたが悲しんだ表情を見せてやると瞳孔が開くはずだから。

一流の世界では悪口の運び屋たちはゴキブリのように嫌われており、即絶縁されていた。

35

一流の人だけが知っている、他人には絶対に教えないこの世界のルール。

悪口は密告した瞬間に犯人と被害者が存在してしまう。

36 三流の人を隣に座らせると、あなたも三流と見なされる。

本書は本気であなたの人生を変えるきっかけを提供したいと思っているため、ここではちょっと刺激的な話をしたい。

周囲があなたのランクをどのように決めるのかと言えば、それはあなたの隣にどのランクの人を座らせているかで決めている。

仮にあなたが一流だとしても、隣に三流を座らせて雑談しているとあなたも三流と見なされてしまう。

綺麗事を抜きにすれば、それが人間社会というものである。

「差別はいけません！」「人の価値はみな平等です！」と叫んでいる人ほど、差別をする人が平等なんて微塵も思っていない。

そう叫んでいる人々の組織内には明確な序列があるし、役職という価値基準によって給料や待遇はまるで違うはずだ。

人にも職業にも会社にもすべてに序列があり、序列の上側の人間はあえて弱い者いじめをしないよう、気遣ってくれているのだ。

それに便乗して弱者がつけ上がり本気で平等を実現させようとすると、フランス革命のような巨大テロ事件に発展するのである。

断言しておくが、平等なんて幻想である。

人は平等じゃないからこそ頑張れるのであり、少しでもランクを上げようと快適な生活を望むのだ。

ランクを上げることに成功した人はその地位を維持するために弱者に嫉妬されぬよう、平等を謳《うた》ってルサンチマン（弱者の強者に対する復讐心）を封じ込めるのである。

本書の読者以外は必ずしもそうした真実を知ってもらう必要はないが、あなたにはこれも何かのご縁と考えてぜひ忘れないでいてもらいたい。

この先あなたが人生のステージを上げ続けていくと、昔の友人・知人がどこからともなく湧いてくる。

「お前、誰？」という元同級生から年賀状やメールが届くようになる。

初期の頃は自分がどれだけランクを上げたのかに気づかずにお情けで会ってあげると、借金のお願いや保険の勧誘だったりしてずっこけてしまう。

こうした経験がまだ一度もないという人は、ぜひ今から予習しておいてもらいたい。

さほど親しくもなかった旧友や知人から久しぶりに連絡があったら、それは借金の依頼である。

この先あなたが成功すれば必ず経験することであり、会った瞬間すぐにわかる。

全然輝きのない老け込んだ風貌、妙にハイテンションでネアカを演じるネクラ、学生時代の安い居酒屋で待ち合わせ……一流、もしくは一流に近づいているあなたは強烈な違和感を抱き、その場から逃げ出したくなる。

その違和感を忘れてほしくないのだ。

あるいは今想像できたらそのイメージを心に焼き付けておいてもらいたい。

以前のあなたはそれに対して違和感を抱かない程度のランクだったのであり、違和感を抱かなくなったらまた三流、四流の世界に逆戻りである。

36

一流の人だけが
知っている、
他人には絶対に
教えない
この世界のルール。

格下の世界に逆戻りすると、もう二度と這い上がれない。

格下の世界に出戻ると、もう二度と這《は》い上がれないと考えていい。
隣に座らせる相手を断じて間違えないことだ。

37 一流の人との初対面の軽い挨拶は、競争率数十倍の1次面接と考える。

私は新卒で入った会社からすでにエグゼクティブを対象としたビジネスをたたき込まれ、転職先の経営コンサルティング会社ではさらにその量と質が高まった。

そのため一流の人の行動特性は否が応でも理解できてしまう。

意外に知らない人も多いのが、一流の人との初対面の挨拶の重要性だ。

普通は「軽い挨拶だけだから」と考えてしまいがちだが、実は厳しい面接試験になっているのだ。

人によって差はあるものの競争率は数十倍と考えていいだろう。

私の経営コンサルタント時代には顧問先の社長の隣に座って取引業者の目利きを手

伝っていたこともあったが、何も知らない三流業者は「今回は挨拶だけ」と勘違いして瞬殺されていた。

不合格者には2度目はないのはもちろんのこと、態度が悪い場合にはその周辺の一流にも通達が流される。

これも意外に知られていないのだが、一流というのは一流同士裏でつながっているのだ。

よく三流や四流の人が「私、あの人と親しいですよ」とマウンティングをかますが、あれだけは絶対にやめたほうがいい。

実は〝あの人〟は目の前の一流の人の親友なのに間違ったことを言ってしまったり、その反対に犬猿の仲だったりした場合、一巻の終わりである。

比較的若手のベンチャー企業で飛ぶ鳥を落とす勢いでマスコミに取り上げられていた社長が、突如干されたり不自然な社長交代を強いられたりした場合は、一流の逆鱗《げきりん》に触れた可能性が極めて高い。

これは今回初公開だが、某政治家が粗相をやらかした時に「あの人もうすぐ死ぬよ」と一流の人が密室で教えてくれたことがある。

その半年後に本当に不自然な死を遂げた。

別にこれは一流の世界では珍しいことでも何でもなく、**「不自然な逮捕」「不自然な海外移住」「不自然な情報漏洩《ろうえい》」といったどこか違和感のあるニュースは、偶然ではなく人工的に仕組まれているのだ。**

私も独立後に3桁の取材・インタビューを受けてきたし、書斎にこれまで大勢が訪れてきたが、初対面の挨拶の大切さを理解していない三流、四流の人々が本当にたくさんいることに驚かされた。

「こいつダメだろ」という人間は一人の例外もなく、別に私が何もしなくても、勝手に干されたり、行方不明になったり、逮捕されたり、急逝したりしている。

これは私がサラリーマン時代から膨大な時間と手間をかけて定点観測してきたことだから驚く事実ではない。

どこかの一流が態度の悪い不合格者に復讐したのかもしれないし、病魔に蝕《むしば》まれてもうすぐ死ぬと本能で察知していたから余裕がなくなって性格まで悪くなっていたのかもしれない。

あなたも一流の人の1次面接に落ちたらそれなりにショックを受けたほうがいいと

思う。

少なくともこの先一流を目指すのであれば三流の世界の正解ではなく、一流の世界の正解を基準に生きるべきだ。

37

一流の人だけが知っている、他人には絶対に教えないこの世界のルール。

初対面の挨拶を「軽い挨拶だけだから」と考えてはいけない。

38 顔は履歴書であり、人は顔で判断される。

率直に申し上げて顔はすべてを物語っている。

ブサイクよりイケメンがいいとか、ブスより美人がいいとか、そういう程度の低いルッキズムを述べたいのではない。

それどころか私は生まれつきの美醜の容姿では絶対に目利きはしない。

なぜなら生まれつきの美醜は親の遺産相続と同じで、本人の実力ではないからである。

美しさは一つの立派な才能だとは思うが、それは生まれつきＩＱが高いとか運動神経が優れているというのと何も変わらない。

才能はあるに越したことはないが、才能だけで一流になれるほど世の中は甘くない。経営コンサルタントや文筆家にも天才はいるが、彼ら彼女らが努力をしていないのかと言えば、どんなに過小評価しても「量×質」で凡人の数倍は努力している。

ハリウッドスターでも後退《あとずさ》りするほどの美男美女は多いが、彼ら彼女らの生まれつきの容姿のピークは20代で終了し、30代半ば以降は後天的な努力が露呈されるのは周知の事実である。

言葉を選ばずに申し上げると、頭の悪い俳優は容姿が激しく崩れている。

私も映画は好きだがファンだった俳優の容姿が落ちぶれると悲しく、それでつい原因を追究してしまう。

概して高学歴の俳優は歳を重ねると味が出てきて、低学歴の俳優は歳を重ねると醜くなっている。

さてもうあなたはお気づきだと思うが、顔がその人の履歴書だということは、その人の頭の中身によって人の表情は創られるということである。

脳の活性度や何を考えているのかがそのまま日々顔に刻まれており、それで人は判断されるのである。

人相学は科学であり、実際にテロリストを「Faception」という顔分析システムから的中させることも可能になっている。

的中率は8割以上だ。

これ以外にもＩＱの高い顔、暴力的な顔、社交的な顔といったものがわかるようであり、人は顔で判断すべきだということがわかる。

実は我々の脳というコンピュータでも同じことが行われており、過去に会った人々のプロファイルから自動的に目の前の人を判別しているのだ。

だから漫画やアニメでも善人と悪人の顔は瞬時に判別できるように描かれているし、あなたも無意識のうちにそう判断しているはずだ。

実は社会人になってからしばらくは、「そうは言っても人は見かけではない」と心のどこかで私は思っていたが、それは完全に間違いだったことを猛省している。

人は顔のままの性格であり、どれだけ取り繕ってもいずれ必ず顔の通りの本性がにじみ出てくるものだ。

そう言えば私が一流の人たちから異口同音に浴びた言葉があり、「早くサラリーマンをやめなさい。絶対に成功する顔だから」というのがそれだった。

それらの経験を通して私も堂々と人を顔で判断するようになったし、私も顔で判断されているのだから頭脳を鍛え続けようと思う。

38

一流の人だけが知っている、他人には絶対に教えないこの世界のルール。

その人の頭の中身によって人の表情は創られる。

39 人間関係には賞味期限があると知っておくと、お互い楽になる。

食品に賞味期限があるように、人間関係にも賞味期限がある。

古今の東西を問わず、夫婦の離婚が繰り返され、全幅の信頼を置いていた師弟や親友が袂《たもと》を分かつニュースが絶えることのないのが何よりの証拠である。

「永遠の愛」は嘘であり、だからこそ理想を掲げてお互いに誓い合うのである。

もし永遠の愛が人類にとって当たり前のことなら、わざわざ厳かに親族や友人の前で誓わなくてもいいはずだ。

あと数十年もしないうちに結婚制度は大幅に変革するだろうし、あらゆる雇用関係も桁違いにドライになるはずだ。

なぜならそのほうが自然の摂理に則《のっと》った制度であり、自然の摂理に反する制度に対する人々の鬱憤はもう限界まで来ているからである。

今回一番公開しにくい情報になるが、一流の人たちは凡人と比べて独身比率が高く、仮に結婚していたとしても別居している人が多かったという事実だ。

さてここからが大切なのだが、独身とか別居という言葉を聞くとすぐに凡人はネガティブな印象を持つがそれは違う。

独身でも自由恋愛を満喫できるし、別居しているからこそお互いに一流をさらに超一流へと高め合うこともできる。

すでに述べたように一流にとって時間は極めて重要だが、それは相手の時間も同様に大切だと考えるということだ。

自分にとってもこんなに時間は大切なのだから、相手にとっても時間は一番大切に違いないと一流同士は一点の曇りもなく考えているのである。

凡人は世間体で結婚し、世間体で同居し、世間体で温かい家庭を演じ、ネチネチとした甘酒の如く関係を築くが、一流は人間の本質を洞察して現行の制度と整合性を取りつつ、相手を尊重して水の如くサッパリした関係を築くのだ。

生涯独身を貫く一流は相手との賞味期限が切れるごとに別れるが、それは険悪なムードではなくお互いに好意の関係は深い部分で継続しているのだ。

別居を選択する一流の夫婦も片方が会社経営者、片方が医師や弁護士という具合にお互いに自立しており、敬意をベースとして婚姻関係だけは継続させているということである。

ある程度以上の恋愛経験を積んできた人であれば全員首肯するはずだが、一つ屋根の下で四六時中顔と顔を突き合わせているより、たまにしか会えないほうが恋愛関係は静かに長く愛が続くものだ。

これは友人関係でも同じで、いつも一緒にいる二人は太く短い関係で喧嘩《けんか》別れしたり自然消滅したりして賞味期限を迎えるのが早いが、一年にそう何度も会わない関係は何十年も続いて生涯の友になることが多い。

ビジネスの取引先も癒着すればするほどにその関係は終焉《しゅうえん》を早く迎えるものだ。

率直に申し上げて、一人の人間がそんなに大層なものであるはずがない。

「君子の交わりは淡きこと水の如し」を毎日復唱しよう。

39

一流の人だけが
知っている、
他人には絶対に
教えない
この世界のルール。

相手の時間も
自分の時間と同様に
大切だと考える。

40 運は100%感染する。

かつて「経営の神様」と呼ばれた人物が、「運の良い人と付き合いなさい」と述べた。実際に採用面接でも「あなたは運が良いですか?」と質問して、「はい」と答えた人しか採用しなかったと聞く。

実はその後仕事で彼の側近として働いていた人に直接話を聞く機会に恵まれたが実話だった。

経営の神様は常軌を逸するほどに運の良し悪《あ》しを大切にしていたのだ。

経営コンサルタント時代に私が出逢ったエグゼクティブたちも「最後は運」と異口同音に教えてくれたし、某外資系コンサルティング会社の社長も「経営で一番大切なのは運である」と自著に何度も書いている。

運の良し悪しを科学的に解明しようとする学者も増えてきたようだが、私のこれまでの人生を振り返ってみても運の重要性を無視することはできない。

他がどんなに優れていても運が悪いために敗北する人は数多いし、客観的に見て実力不足なのに肝心なところではいつもちゃんと勝ち続ける人もいる。

もはやこれは運以外に考えられないし、人によって運は平等に与えられているわけではないと言わざるを得ない。

こうして本を書くからには嘘をつくわけにはいかないから自慢になるのを覚悟で告白するが、私は物心ついた頃から運だけは強烈に良かった。

必ずあなたの役に立てる情報を提供するので、どうか立ち止まらずに読み進めてもらいたい。

私が失敗するとそれは失敗したほうが大正解だったとあとからわかり、私が成功するとそれも普通に正解だった。

「そんなの卑怯《ひきょう》だ！」と怒り心頭に発した人もいるだろうが、本当なのだから仕方がない。

どちらかと言えば私が失敗をした時には災いを避けるために導かれていたという結果になることが多いのだ。

念のため強調しておくが、私には霊感もないし超能力も使えない。

学生時代の同級生には私の強運に対して文字通り号泣されたこともあるし、社会人になってからも上司に居酒屋で「お前だけ卑怯だ！」と嫉妬からシャウトされたこともある。

そんな私があなたに運を良くするコツを惜しみなく伝授しよう。

これまで誰も口にしなかったことであり、真実なので心して読んでもらい、実行に移し、習慣化してもらいたい。

運のサイズは生まれつきもう決まっている。

顔や身長が遺伝で先天的に決まっているのと同じだ。

あなたが「自分は運が良いのか悪いのかわからない」と迷ったら、それは運が悪い証拠だ。

少なくとも運のスケールが小さい。

強運を授かった人は人生のどこかで必ず自分の強運に気づく。

私は自分が授かっていない霊感や超能力が実在するかどうかは知らないが、授かった人は人生のどこかで自分が授かっていることに気づくだろう。

強運を授かった人もそれと同じだ。

では授からなかった人はどうすればいいのか。

不運な人々と決別し、強運の持ち主にしがみつけばいい。

40

一流の人だけが
知っている、
他人には絶対に
教えない
この世界のルール。

「自分は運が良いのか悪いのかわからない」のは、運が悪い証拠だ。

一流の交わりは
淡きこと水の如し。
三流の交わりは
甘きこと醴《あまざけ》の如し。

千田琢哉著作リスト（2021年8月現在）

● **アイバス出版**
『一生トップで駆け抜けつづけるために20代で身につけたい勉強の技法』

『一生イノベーションを起こしつづけるビジネスパーソンになるために20代で身につけたい読書の技法』

『1日に10冊の本を読み3日で1冊の本を書く ボクのインプット&アウトプット法』

『お金の9割は意欲とセンスだ』
● **あさ出版**
『この悲惨な世の中でくじけないために20代で大切にしたい80のこと』

『30代で逆転する人、失速する人』

『君にはもうそんなことをしている時間は残されていない』

『あの人と一緒にいられる時間はもうそんなに長くない』

『印税で1億円稼ぐ』

『年収1,000万円に届く人、届かない人、超える人』

『いつだってマンガが人生の教科書だった』
● **朝日新聞出版**
『人生は「童話」に学べ』
● **海竜社**
『本音でシンプルに生きる!』

『誰よりもたくさん挑み、誰よりもたくさん負けろ!』

『一流の人生　人間性は仕事で磨け！』

『大好きなことで、食べていく方法を教えよう。』
● **学研プラス**
『たった2分で凹みから立ち直る本』

『たった2分で、決断できる。』

『たった2分で、やる気を上げる本。』

『たった2分で、道は開ける。』

『たった2分で、自分を変える本。』

『たった2分で、自分を磨く。』

『たった2分で、夢を叶える本。』

『たった2分で、怒りを乗り越える本。』

『たった2分で、自信を手に入れる本。』

『私たちの人生の目的は終わりなき成長である』

『たった2分で、勇気を取り戻す本。』

『今日が、人生最後の日だったら。』

『たった2分で、自分を超える本。』

『現状を破壊するには、「ぬるま湯」を飛び出さなければならない。』

『人生の勝負は、朝で決まる。』

『集中力を磨くと、人生に何が起こるのか?』

『大切なことは、「好き嫌い」で決めろ!』

『20代で身につけるべき「本当の教養」を教えよう。』

『残業ゼロで年収を上げたければ、まず「住むところ」を変えろ!』

『20代で知っておくべき「歴史の使い方」を教えよう。』

『「仕事が速い」から早く帰れるのではない。「早く帰る」から仕事が速くなるのだ。』

『20代で人生が開ける「最高の語彙力」を教えよう。』

『成功者を奮い立たせた本気の言葉』

『生き残るための、独学。』

『人生を変える、お金の使い方。』

『「無敵」のメンタル』

『根拠なき自信があふれ出す! 「自己肯定感」が上がる100の言葉』

『いつまでも変われないのは、あなたが自分の「無知」を認めないからだ。』

『人生を切り拓く100の習慣』

【マンガ版】『人生の勝負は、朝で決まる。』

『どんな時代にも通用する「本物の努力」を教えよう。』

『「勉強」を「お金」に変える最強の法則50』
● **KADOKAWA**
『君の眠れる才能を呼び覚ます50の習慣』

『戦う君と読む33の言葉』
● **かや書房**
『人生を大きく切り拓くチャンスに気がつく生き方』
● **かんき出版**
『死ぬまで仕事に困らないために20代で出逢っておきたい100の言葉』

『人生を最高に楽しむために20代で使ってはいけない100の言葉』

『20代で群れから抜け出すために顰蹙を買っても口にしておきたい100の言葉』

『20代の心構えが奇跡を生む【CD付き】』
● **きこ書房**
『20代で伸びる人、沈む人』

『伸びる30代は、20代の頃より叱られる』

『仕事で悩んでいるあなたへ 経営コンサルタントから50の回答』
● **技術評論社**
『顧客が倍増する魔法のハガキ術』
● **KKベストセラーズ**
『20代 仕事に躓いた時に読む本』

『チャンスを掴める人はここが違う』

● 廣済堂出版
『はじめて部下ができたときに読む本』
『「今」を変えるためにできること』
『「特別な人」と出逢うために』
『「不自由」からの脱出』
『もし君が、そのことについて悩んでいるのなら』
『その「ひと言」は、言ってはいけない』
『稼ぐ男の身のまわり』
『「振り回されない」ための60の方法』
『お金の法則』
『成功する人は、なぜ「自分が好き」なのか?』
● 実務教育出版
『ヒツジで終わる習慣、ライオンに変わる決断』
● 秀和システム
『将来の希望ゼロでもチカラがみなぎってくる63の気づき』
● 祥伝社
『「自分の名前」で勝負する方法を教えよう。』
● 新日本保険新聞社
『勝つ保険代理店は、ここが違う!』
● すばる舎
『今から、ふたりで「5年後のキミ」について話をしよう。』

『「どうせ変われない」とあなたが思うのは、「ありのままの自分」を受け容れたくないからだ』
● 星海社
『「やめること」からはじめなさい』
『「あたりまえ」からはじめなさい』
『「デキるふり」からはじめなさい』
● 青春出版社
『どこでも生きていける 100年つづく仕事の習慣』
『「今いる場所」で最高の成果が上げられる100の言葉』
『本気で勝ちたい人は やってはいけない』
『僕はこうして運を磨いてきた』
『「独学」で人生を変えた僕がいまの君に伝えたいこと』
● 清談社Publico
『一流の人が、他人の見ていない時にやっていること。』
『一流の人だけが知っている、他人には絶対に教えない この世界のルール。』
● 総合法令出版
『20代のうちに知っておきたい お金のルール38』
『筋トレをする人は、なぜ、仕事で結果を出せるのか?』
『お金を稼ぐ人は、なぜ、筋トレをしているのか?』
『さあ、最高の旅に出かけよう』
『超一流は、なぜ、デスクがキレイなのか?』
『超一流は、なぜ、食事にこだわるのか?』
『超一流の謝り方』
『自分を変える 睡眠のルール』
『ムダの片づけ方』
『どんな問題も解決する すごい質問』
『成功する人は、なぜ、墓参りを欠かさないのか?』
『成功する人は、なぜ、占いをするのか?』
『超一流は、なぜ、靴磨きを欠かさないのか?』
『超一流の「数字」の使い方』
● SBクリエイティブ
『人生でいちばん差がつく20代に気づいておきたいたった1つのこと』
『本物の自信を手に入れるシンプルな生き方を教えよう。』
● ダイヤモンド社
『出世の教科書』
● 大和書房
『20代のうちに会っておくべき35人のひと』
『30代で頭角を現す69の習慣』
『やめた人から成功する。』
『孤独になれば、道は拓ける。』
『人生を変える時間術』
『極 突破力』
● 宝島社
『死ぬまで悔いのない生き方をする45の言葉』
【共著】『20代でやっておきたい50の習慣』
『結局、仕事は気くばり』
『仕事がつらい時 元気になれる100の言葉』
『本を読んだ人だけがどんな時代も生き抜くことができる』
『本を読んだ人だけがどんな時代も稼ぐことができる』
『1秒で差がつく仕事の心得』
『仕事で「もうダメだ!」と思ったら最後に読む本』
● ディスカヴァー・トゥエンティワン
『転職1年目の仕事術』
● 徳間書店
『一度、手に入れたら一生モノの幸運をつかむ50の習慣』
『想いがかなう、話し方』
『君は、奇跡を起こす準備ができているか。』
『非常識な休日が、人生を決める。』
『超一流のマインドフルネス』
『5秒ルール』
『人生を変えるアウトプット術』
『死ぬまでお金に困らない力が身につく25の稼ぐ本』
『世界に何が起こっても自分を生ききる25の決断本』

『10代で知っておきたい 本当に「頭が良くなる」ためにやるべきこと』
● **永岡書店**
『就活で君を光らせる84の言葉』
● **ナナ・コーポレート・コミュニケーション**
『15歳からはじめる成功哲学』
● **日本実業出版社**
『「あなたから保険に入りたい」とお客様が殺到する保険代理店』

『社長!この「直言」が聴けますか?』

『こんなコンサルタントが会社をダメにする!』

『20代の勉強力で人生の伸びしろは決まる』

『ギリギリまで動けない君の背中を押す言葉』

『あなたが落ちぶれたとき手を差しのべてくれる人は、友人ではない。』

『新版 人生で大切なことは、すべて「書店」で買える。』
● **日本文芸社**
『何となく20代を過ごしてしまった人が30代で変わるための100の言葉』
● **ぱる出版**
『学校で教わらなかった20代の辞書』

『教科書に載っていなかった20代の哲学』

『30代から輝きたい人が、20代で身につけておきたい「大人の流儀」』

『不器用でも愛される「自分ブランド」を磨く50の言葉』

『人生って、それに早く気づいた者勝ちなんだ!』

『挫折を乗り越えた人だけが口癖にする言葉』

『常識を破る勇気が道をひらく』

『読書をお金に換える技術』

『人生って、早く夢中になった者勝ちなんだ!』

『人生を愉快にする! 超・ロジカル思考』

『こんな大人になりたい!』

『器の大きい人は、人の見ていない時に真価を発揮する。』
● **PHP研究所**
『「その他大勢のダメ社員」にならないために20代で知っておきたい100の言葉』

『お金と人を引き寄せる50の法則』

『人と比べないで生きていけ』

『たった1人との出逢いで人生が変わる人、10000人と出逢っても何も起きない人』

『友だちをつくるな』

『バカなのにできるやつ、賢いのにできないやつ』

『持たないヤツほど、成功する!』

『その他大勢から抜け出し、超一流になるために知っておくべきこと』

『図解「好きなこと」で夢をかなえる』

『仕事力をグーンと伸ばす20代の教科書』

『君のスキルは、お金になる』

『もう一度、仕事で会いたくなる人。』

『好きなことだけして生きていけ』
● **藤田聖人**
『学校は負けに行く場所。』

『偏差値30からの企画塾』

『「このまま人生終わっちゃうの?」と諦めかけた時に向き合う本。』
● **マガジンハウス**
『心を動かす 無敵の文章術』
● **マネジメント社**
『継続的に売れるセールスパーソンの行動特性88』

『存続社長と潰す社長』

『尊敬される保険代理店』
● **三笠書房**
『「大学時代」自分のために絶対やっておきたいこと』

『人は、恋愛でこそ磨かれる』

『仕事は好かれた分だけ、お金になる。』

『1万人との対話でわかった 人生が変わる100の口ぐせ』

『30歳になるまでに、「いい人」をやめなさい!』
● **リベラル社**
『人生の9割は出逢いで決まる』

『「すぐやる」力で差をつけろ』

千田琢哉（せんだ・たくや）

愛知県生まれ。岐阜県各務原市育ち。文筆家。東北大学教育学部教育学科卒。日系損害保険会社本部、大手経営コンサルティング会社勤務を経て独立。コンサルティング会社では多くの業種業界におけるプロジェクトリーダーとして戦略策定からその実行支援に至るまで陣頭指揮を執る。のべ3,300人のエグゼクティブと10,000人を超えるビジネスパーソンたちとの対話によって得た事実とそこで培った知恵を活かし、"タブーへの挑戦で、次代を創る"を自らのミッションとして執筆活動を行っている。

著書は本書で175冊目。音声ダウンロードサービス「真夜中の雑談」、完全書き下ろしPDFダウンロードサービス「千田琢哉レポート」も好評を博している。

一流《いちりゅう》の人《ひと》だけが知《し》っている、
他人《たにん》には絶対《ぜったい》に教《おし》えない この世界《せかい》のルール。
選《えら》ばれる人《ひと》を決《き》める「秘密《ひみつ》の評価《ひょうか》基準《きじゅん》」40

2021年8月30日　第1刷発行

著　者　千田琢哉《せんだたくや》

ブックデザイン　小口翔平＋加瀬梓＋須貝美咲（tobufune）
本文DTP　友坂依彦

発行人　畑 祐介
発行所　株式会社 清談社Publico
〒160-0021
東京都新宿区歌舞伎町2-46-8 新宿日章ビル4F
TEL：03-6302-1740　FAX：03-6892-1417

印刷所　中央精版印刷株式会社

ISBN 978-4-909979-20-9 C0030

清談社
Publico

http://seidansha.com/publico
Twitter @seidansha_p
Facebook http://www.facebook.com/seidansha.publico